NHK
間違いやすい日本語ハンドブック

NHKアナウンス室［編］

NHK出版

はじめに

　この本には、放送で使うことばの中で、間違えやすいもの、勘違いしやすいもの、覚え違いの多いものを集めてあります。
　何かの拍子に、間違って発したことばが、取り返しのつかないことになっては大変です。
　例えば、こんな例があります。
「会議が滞りなく進むように、目配せしておいてください」
　これは、「目配り」の誤りです。「目配せ」は合図のことです。似ていることばは、いったん間違って覚えてしまうと、自分では気がつかないままになってしまいます。
「議論がひと段落したら、休憩しましょう」
　これは、「いちだんらく」が正解です。ひと区切りという言い方に近いからでしょうか、ひと段落と発音する人も増えてきました。しかし、放送では、まだ「いちだんらく」がいいでしょう。こうしたことばは、NHKでは、用語委員会ということばの使い方を審議する場で、議論され、専門家や研究者も交えて、一語一語検討しています。もし、世の中の多くの人が「ひとだんらく」と発音するようになれば、そのときには認められることになるでしょう。
「3階建の家です」
　発音するときには、「が」の音は鼻濁音になり、「さんがいだて」と言います（「か゚」の表記は、「が」の鼻濁音をあらわす）。「さんかい」ではありません。これは、間違いというよりは、発音するときの注意と言えるでしょう。
　放送で使うことばは、ことばの真意が伝わらなくてはなりません。特に、新聞や書籍のように文字を確認できないテレビやラジオの表現では、その番組を見たり聞いたりしている誰もが疑問を抱か

ないことばで伝えることが大切です。アナウンサー、キャスター、リポーター、ナレーター、記者、ディレクター、タレントなどの出演者全員が、そのことに思いを馳せていることが大切です。

　原稿をパソコンで書くようになってから、「ゆううつ」と打てば、「憂鬱」の文字が出るようになりました。書けても読めないこともあります。原稿や台本を書く側も、読む人のことを考えて書くことが大切です。

　怖いのが思い込みです。自分では、絶対間違いないと思っていることが一番危険です。放送が済んでから気づくより、下読みの段階で、周りが気づくことが大切です。

　この本が、放送の現場をはじめ、教育や公共の場で役に立つよう願っています。

　NHKでは、ことばの意味や使い方に迷ったときのためには『NHKことばのハンドブック　第2版』、発音・アクセントについては『NHK日本語発音アクセント辞典』、表記については『NHK漢字表記辞典』を刊行していますので、本書とともにご利用いただければ幸いです。

　なお、編纂に際してご協力いただいたNHK放送文化研究所、視聴者事業局、日本語センターの方々に厚く御礼申し上げます。

平成25年5月

NHKアナウンス室
室長　渡部英美

この本の使い方

（1）本書では、ことばを大まかに分野別に分けています。違う分野に同じことばが出てくる場合がありますが、重要なことばについてはあえて重複させて掲載しています。

（2）ことばの読み方は原則としてカタカナで表記しました。長音（のばす音）は「ー」で表記しています。例えば「乱高下」は「ランコウゲ」ではなく「ランコーゲ」としています。鼻濁音や無声化音などの詳しい発音は示していません。

（3）この本で示している読み方は、あくまでもＮＨＫの放送で用いるために、本書発行時点で統一している読み方です。従って、ここに示していない読み方がすべて間違いであるということではありません。また、今後放送での読み方を変更する場合もあります。

（4）特に注意すべき間違いは「×」をつけて示しました。また「△」は、間違いではないものの、伝統的な形ではない、耳で聞いてわかりにくいなどの理由で、放送ではなるべく使わないようにしているものです。放送で複数の読み方を認めているものもあります。優先順位があるものは①②などの番号をつけています。また（　）に入っているものは、専門用語などで、場合によっては使ってもよいとしている読み方です。

（5）ことばに対する説明をできる限り加えました。しかし、ひとつのことばには様々な意味があり、辞書によって説明が違ったり、時代とともに意味や使い方が変わったりする場合もあります。説明部分はあくまでも参考としてお役立て下さい。

目 次

Section 1
誤読&誤用ワースト110 ……………… 8

Section 2
間違いやすい表現116 ……………… 22

Section 3
政治・経済でよく使われる日本語98 ………… 37

Section 4
事件報道でよく使われる日本語69 ………… 49

Section 5
間違いやすい地名・名所・名産品39 ………… 58

Section 6
スポーツでよく使われる日本語28 ………… 64

Section 7
気象・暦でよく使われる日本語103 ………… 68

Section 8
医療・人体に関する日本語57 ………… 81

Section 9
仕事・職業に関する日本語135 ………… 88

Section 10
風習・年中行事に関する日本語146 ……… 104

Section 11
日本史に関する日本語 68 ·············· 121

Section 12
動物・植物に関する日本語 67 ·············· 130

Section 13
料理・食品に関する日本語 111 ·············· 152

Section 14
古典・芸能に関する日本語 102 ·············· 166

Section 15
性格や動作を表現する日本語 125 ·············· 179

Section 16
暮らしの中の難読語 277 ·············· 194

Section 17
難読の熟語・慣用句 211 ·············· 227

Section 18
複数の読みのある語句 233 ·············· 252

Section 19
よく使われるのに間違いやすい日本語 550 ··· 279

索引 ·············· 360

ふろく

難読の植物 138   数詞の読み方 341
難読の魚・貝・海藻類 145   数字を含む慣用語 349
難読の動物・虫・鳥 148

Section 1

誤読&誤用ワースト 110

（視聴者からNHKに寄せられた意見を基に作成）

Q1 正しく読めますか。

一段落	イチダンラク　日常会話では「ひとだんらく」という人も増えているが、放送では今のところ認められていない。
他人事	ヒトゴト　×タニンゴト。　この語も日常会話ではタニンゴトと読む人が増えているが、平成12年の用語委員会でこの読みに決定。
奇しくも	クシクモ　×キシクモ。　キシクモという言葉そのものがない。「一段落」や「他人事」と違い、「誤読」というよりも「思い違い」の要素が強いように思われる。
施行	シコー　×セコー。　政策などを実行すること。専門家のなかで「セコー」と読む慣用もあるが、NHKでは本来の読みである「シコー」に統一。なお、施工は「セコー」。

施策	**シサク** ×セサク。 政策・対策などを立て実地に行うこと。実地にとる策。一部で「セサク」と読む慣用もあるが、NHKでは「シサク」で統一。
神々しい	**コーゴーシー** ×カミガミシー。 神聖で気高いこと。
3階	**サンガイ** 1，3，4，6，8などの後ろにくる助数詞とのつながりで読み方が変化するものと、変化しないものがある。
法の下の平等	**ホーノモトノ〜** ×ホウノシタノ〜。
シミュレーター（念のため発音して下さい）	**シミュレーター** 発音すると、なぜかシュミレーターになる人も…。同様の間違いにコミュニケーションをコミニュケーションという例も。英語のスペルを思い出すのが間違いを防ぐコツ。
乱高下	**ランコーゲ** ×ランコーカ。
身を粉にして	**ミヲコニシテ** ×ミヲコナニシテ。
中将	**チュージョー** ×チューショー。 軍隊の階級の一つ。律令制での官位の一つ。
茨城県・茨木市（大阪府）	（ともに）**イバラキ〜** ×イバラギ。

誤読＆誤用ワースト

大地震	オージシン ×ダイジシン。
時期尚早	ジキショーソー ×ジキソーショー。 漢字を思い出しながら発音すれば間違いはしにくくなる。
きめ細か	キメコマカ ×キメコマヤカ。 「細やか」だけなら、コマヤカと読めるが、キメコマヤカという言い方はしない。
紅葉狩り	モミジガリ ×コーヨーガリ。 山野を訪ねて紅葉を観賞すること。能や歌舞伎の演目にもある。
首長	シュチョー ×クビチョー。 集団、団体や地方自治体などの長。クビチョーはニュースの現場ではよく聞く言葉だが、業界用語の類。
素読	ソドク ×スドク。 漢文で特に意味は考えず声に出して読むこと。
居留地	キョリューチ ×イリューチ。 条約などにより外国人の居住・営業などを特別に認めた地域。
博士(医学〜)	ハクシ ×ハカセ。 正式な学位はハクシ。物知りのような意味ではハカセ。
秘湯	ヒトー ×ヒユ。 人にまだあまり知られていない温泉。

供養	クヨー ×キョーヨー。宗教関連の用語は知らないと読めないので、そのつど確認したい。
読経	ドキョー ×ドクキョー。経を読むこと。
上意下達	ジョーイカタツ ×ジョーイゲダツ。上層部の命令・意向を下に伝えること。
道半ば	ミチナカバ ×ミチハンバ。
大君(天皇に対する尊称)	オーキミ ×タイクン。タイクンと読むのは、君主の尊称、あるいは江戸時代、外国に対して用いた将軍の別号として用いる場合。
名跡(〜を継ぐ)	ミョーセキ ×メーセキ。代々受け継いでいく家名。(旧跡の意の名跡はメーセキ)
黄熱病	オーネツビョー ×コーネツビョー。野口英世が研究中に感染し死亡した病。
馬そり	バソリ ×ウマソリ。馬に引かせるそり。
半眼(仏像などの)	ハンガン ×ハンメ。目を半ば開くこと。また、その目。

席巻	セッケン ×セキマキ。 激しい勢いで自分の勢力範囲に収めること。
遵守	ジュンシュ ×ソンシュ。 NHK表記は「順守」。コンプライアンスの和訳の一つは、「法令順守」。
大綱(防衛計画〜)	タイコー ×オーヅナ。 根本となるもの。大づかみにとらえた内容。
一足飛び	イッソクトビ ×ヒトアシトビ。 両足をそろえて飛ぶ。一気に飛び越えること。
嫡出子	チャクシュツシ ×テキシュツシ。 法律上婚姻関係にある男女から生まれた子。つっかえやすいので発音に注意。
お札(神社などでもらう〜)	オフダ ×オサツ。 神仏の守り札。紙幣は「オサツ」。
円窓	マルマド ×エンマド。 円形の窓。「エンソー」とも。
裏面	リメン ×ウラメン。 裏側の面。表に現れない部分。
疾病	シッペー ×エキビョー。 エキビョーは疫病で、字の形から油断すると間違いやすい。

硫黄島（小笠原諸島）	**イオートー**　×イオージマ。　太平洋戦争の激戦地。（映画は「硫黄島（イオージマ）からの手紙」）。鹿児島県三島村の硫黄島は、イオージマ。
鋳造	**チューゾー**　×イゾー。　鋳型や鋳物は、それぞれイガタ、イモノ。
出納	**スイトー**　×シュツノー。　金銭や物品の出し入れのこと。
端を発する	**タンヲハッスル**　×タンヲホッスル。　発端はホッタンだが、「発する」という字でホッスルと読ませる例は発見できず。「欲する」はホッスル。
遊興費	**ユーキョーヒ**　×ユーコーヒ。　遊びに使う費用。
一朝一夕	**イッチョーイッセキ**　×イッチョーイチユー。　わずかな期間の意。
頭（～を垂れた稲穂）	**コーベ**　×アタマ。
頭（人形浄瑠璃の～）	**カシラ**　×アタマ。　分野によって読み分けが必要。
創業家	**ソーギョーケ**　×ソーギョーカ。

誤読＆誤用ワースト

遡る	サカノボル　×ヨミガエル。　流れに逆らって上流に行く。根本に立ち返る。ヨミガエルは「甦る」。
元凶	ゲンキョー　×ガンキョー。　悪いことの根源。
幕間	マクアイ　×マクマ。　一幕が終わり次の幕が開くまでの間。
添え乳	ソエヂ　×ソエチチ。　乳児に添い寝して乳を飲ませること。「乳離れ」もチバナレが本来の読み。チチバナレは△。
雨よけ	アマヨケ　×アメヨケ。
下士官	カシカン　×ゲシカン。　兵と士官の間の階級。軍事に限らず専門用語は確認が必要。
月光菩薩	ガッコーボサツ　×ゲッコーボサツ。薬師如来の右側に立つ脇侍の菩薩。仏教美術では有名な仏像。
出汁	ダシ　×デジル。　発音しておかしいと感じたら、その場で確認したい。
干物（魚介類の〜）	ヒモノ　×ホシモノ。　魚介類の場合はヒモノ。同じ字で、野菜・海藻・魚介類などを保存のため乾燥させた食品一般は、カンブツといい、ふつう「乾物」と書く。

一幕 (一場面の意で)	ヒトマク ×イチマク。 （歌舞伎などで）ひとまく、ふたまく、みまく。
あり得る	アリウル ×アリエル。「得る」は原則エル。「あり得る」は伝統的にアリウル。否定形はアリエナイ。ややこしいが覚えるしかない。
治安維持	チアンイジ ×ジアンイジ。
雑木林	ゾーキバヤシ ×ザツボクリン。
退ける(上告を〜) しりぞく	シリゾケル ×ノケル。 文脈によっては（群衆を押し〜など）、ノケルも正しい読み。
平城遷都	ヘージョーセント ×ヘーセーセント。710年に藤原京から遷都した都、「平城京」。「ヘーゼーキョー」ともいわれるが、放送では「ヘージョー」。
野点	ノダテ ×ヤテン。 野外で茶を点てること。茶会のニュースで注意。
大惨敗	ダイザンパイ ×ダイサンパイ。 ひどく惨めな負け方をすること。
天皇賜杯	テンノーシハイ ×テンノーヨーハイ。 恩賜、下賜という言葉も知っておきたい。下賜とは、高貴な人が身分の低い人に物などを与えること。上野動物園は、正確には東京都恩賜上野動物園。

貯水池	チョスイチ　×チョスイイケ。
初盆	ハツボン　×ショボン。
給湯	キュートー　×キューユ。
信心深い	シンジンブカイ　×シンシンブカイ。 信仰
分銅	フンドー　×ブンドー。　ものを量るときの重り。フンドンとも。
牛車 (葵祭のニュースで)	ギッシャ　×ギューシャ。　牛に引かせる乗用の車。(牛が引く荷車はギューシャ)
葉菜類	ヨーサイルイ　×ハサイルイ。　主として葉を食用にする野菜類。
時々刻々	ジジコッコク　×トキドキコクコク。
直筆	ジキヒツ　×チョクヒツ。　直筆

輿論	ヨロン ×コーロン。 世論という字もあてられるが、この字もヨロン。セロンは誤読。
栄華	エーガ ×エーカ。
間髪を入れず	カン・ハツヲイレズ ×カンパツヲイレズ。 言葉の切れ目にも注意。
渡り初め（橋の〜）	ワタリゾメ ×ワタリハジメ。 「書き初め」と同じように初めて何かをするときは、〜ゾメの読みが多い。
二重回し	ニジューマワシ ×フタエマワシ。 男性用の和装防寒コート。といっても最近はあまり見なくなった。
小正月	コショーガツ ×ショーショーガツ。 陰暦の1月15日。
雄牛	オウシ ×オギュー。
唐衣（十二単の一番上に着る衣）	カラギヌ ×カラゴロモ。 十二単の一番上に着る丈の短い衣。
鋳金	チューキン ×チョーキン。 溶かした金属を鋳型に入れ器物や彫刻を作ること。鋳造。

| 相殺 | ソーサイ ×ソーサツ。 互いに損得がないよう調整すること。帳消しにすること。 |

| 名主
(村の〜：江戸時代) | ナヌシ ×メーシュ。 領主の下で村政を担当した村の長。 |

| 極彩色 | ゴクサイシキ ×ゴクサイショク。 |

| 帆船 | ハンセン ×ホセン。 |

| 言語道断 | ゴンゴドーダン ×ゴンゴゴーダン、×ゲンゴドーダン。 |

| 生石灰 | セーセッカイ ×キセッカイ。 酸化カルシウムの通称。水を作用させれば消石灰（ショーセッカイ＝水酸化カルシウム）ができる。 |

| バドミントン
(念のため発音して下さい) | バドミントン ×バトミントン。 外来語の発音の間違いは、意外に多い。 |

| 再建
(神社仏閣を〜する) | サイコン ×サイケン。 一般に「建て直すこと」の意で使うときはサイケン。 |

| 古文書 | コモンジョ ×コブンショ。 |

借入金	カリイレキン ×シャクニューキン。
脆弱	ゼージャク ×キジャク。 もろくて弱いこと。
伴走	バンソー ×ハンソー。 競技者のそばについて走ること。ハンソーだと「搬送」になる。
郷に入っては郷に従え	(ゴーニ)イッテハ～ ×(ゴーニ)ハイッテハ。 そこに住むには、その場所の風俗習慣になじむのがよい、という意。
利き酒	キキザケ ×キキシュ。 酒の良し悪しを鑑定するため、少量を口に含んで味わうこと。
一目置く	イチモクオク ×ヒトメオク。 自分より優れた人に敬意を払う。囲碁が由来のことば。

Q2 表現の間違いがわかりますか。

預貯金を切り崩す	預貯金を取り崩す まとまっているものから少しずつ取り去ること。(「切り崩す」は「反対勢力を～」のように弱点をせめて団結や防備を分散させることや「山を～」のように削り取ってもとの形を壊すことに使う)
喧々諤々 (けんけんがくがく)	喧々囂々(けんけんごうごう) 「侃々諤々(かんかんがくがく)」と混交して使いやすいので注意。喧々囂々…大勢の人がやかましく騒ぎ立てるさま。侃々諤々…正しいと思うことを堂々と主張するさま。

誤読&誤用ワースト

種を植える	種をまく 「蒔く」は「散らして落とすこと」。「植える」は「植物の根や苗をしっかり土に埋めること」。
汚名挽回（ちいさい）	汚名返上 名誉挽回と混交して使いやすいので注意。返上すべきは汚名と覚えれば良い。
押しも押されぬ大スター	押しも押されもせぬ〜 実力があって堂々としているさま。「押すに押されぬ＝押しても押せない」と混交して使いやすい。
（渡り鳥のニュースで）毛繕い	羽繕い（ハヅクロイ） 「毛繕い」は猿のグルーミングをイメージするとよいかも。
暗雲がたちこめる	〜たれこめる 「たちこめる」は霧や煙。
ファンタジック	ファンタスティック ファンタジックは和製英語。
櫛の歯が抜けたように	櫛（クシ）の歯が欠けたように 切れ目なく続くはずのものが所々欠けているさま。「櫛の歯をひく」は人の行き来や出来事がひっきりなしに続くこと。
采配をふるう	采配を振る 「ふるう」は、拳や刀、権力など。

もっと知りたい　3階・4階

「1階、2階、3階……10階」声に出して読んでみてください。
1階(いっかい)、2階(にかい)と、ほとんどは数字を漢語の発音で読みますが、4階と7階だけは「よんかい」「ななかい」と和語の発音で読みますよね。「し」は「死」が連想され、「しち」は「いち」と聞き違えやすいために、次第に「よ(ん)」「なな」に置き換えられてきたようです。
ところで、「3階」は「さんかい」と読みますか？　「さんがい」と読みますか？
最近は「さんかい」と読む人の割合が増えています。文化庁の調査では、平成9年度に26％だったのが、平成15年度では36％となっていました。しかし伝統的には「さんがい」が正しい発音です。
日本語には「『ん』の後の発音は濁ることが多い」という傾向があり、これもそのひとつです。しかし、「4階」は「よんかい」と、「ん」の後でも濁りません。
なぜかというと、もともと「4階」は「しかい」でしたが、「し」が「よん」に置き換わる一方、「かい」は濁らないまま残ったからと考えられています。

もっと知りたい　汚名挽回

「汚名挽回」。これを読んで、あれっ？　と思いましたか。
「汚名挽回」は、二つの言葉が一緒になってしまった間違い＝「混交表現」の代表例です。
この場合「汚名返上(へんじょう)」と「名誉挽回(ばんかい)」が混ざってしまったのですね。「挽回」は、元の状態に引き戻すことですから、「汚名挽回」というと、不名誉な評判を引き戻すことになり、逆の意味になってしまいますね。
ほかにも「的を得る」や「明るみになる」「雪辱を晴らす」「寸暇を惜しまず」などもよく使われますが、それぞれどこがおかしいかわかりますか？
「的を得る」は「的を射る」と「当を得る」、「明るみになる」は「明るみに出る」と「明らかになる」、「雪辱を晴らす」は「雪辱を果たす」と「恨みを晴らす」という、意味や音の似た表現が混同されたものです。
「寸暇を惜しまず」は「寸暇を惜しんで」と「骨身を惜しまず」の混交表現ですが、よく見ると「汚名挽回」と同様、意味が逆になってしまっています。

Section 2

間違いやすい表現 116

Q1 2つの言葉の意味はどう違うでしょうか。

「目配りをする」 「目配せをする」	目配りをする…よく注意して、必要なところに目を行き届かせること。 目配せをする…目つきで合図をすること。
「おざなり」 「なおざり」	おざなり…いいかげんに、形だけで物事を行う。 なおざり…いいかげんに考えて物事を放っておく。
「首っぴき」 「首ったけ」	首っぴき…手元に置いたものを見ながら一心に行う。 首ったけ…すっかりほれ込む。
「持ち回り」 「回り持ち」	持ち回り…一定の関係者のもとを持って回ること。（例：持ち回り閣議） 回り持ち…順番に受け持つこと。

「危機一髪」 「間一髪」	危機一髪…髪の毛一本ほどの違いで危機に追い込まれる。 間一髪…わずかな差で切迫している。
「見限る」 「見くびる」	見限る…将来に希望を託することをやめる。見捨てる。 見くびる…相手の能力を低く見てあなどる。
「鮫肌」 「鳥肌」	鮫肌…肌がざらざらして荒れている。 鳥肌…不快感で総毛立つ（素晴らしいなど快感には使わない）。

Q2 次の外来語の表記の誤りがわかりますか。

アタッシュケース	アタッシェケース　an attaché case（アタッシェはフランス語で外交官）
エンターティナー	エンターテイナー　an entertainer
エンターテイメント	エンターテインメント　entertainment
ギブス	ギプス　gips（ドイツ語）。英語では、plaster cast
キューピット	キューピッド　Cupid。但し、固有名詞では「花キューピット」

間違いやすい表現

コミニュケーション	コミュニケーション　communication
サラブレット	サラブレッド　thoroughbred
シュミレーション	シミュレーション　simulation
ジャンバー	ジャンパー　a jumper/a zip-up jacket/a windbreaker
タブロイド	タブロイド　a tabloid(paper)
ベット(寝具)	ベッド　a bed
肩パット	肩パッド　a shoulder pad　（ゴルフはパット＝putt）
バッチ (徽章のこと)	バッジ(徽章〈キショー〉)　a badge 。ＰＣ用語に「バッチファイル(自動実行ファイル)」あり。
ハンドバック	ハンドバッグ　a handbag

プロマイド	ブロマイド　a bromide paper(但し、固有名詞は「東京プロマイド」)
レクレーション	レクリエーション　recreation

Q3 どちらが正しいでしょうか。

メートル or メーター 放送での使い分けは?	meter　メーター…①計器②スポーツ実況で長さの単位として使用可。メートル…長さの単位。
ホン or ホーン (音の大きさの単位)	ホン(phon)　音の大きさを表す単位。現在はデシベルを使う。
バトミントン or バドミントン	バドミントン　badminton　バトミントンと誤って発音しないよう注意。
スノーケル or シュノーケル	どちらも可。　ダイビングに用いる呼吸器具。snorkel(英)/Schnorchel(独)
ジンクス (良い意味?悪い意味?)	jinx　縁起の「悪い」ときに使う。
シャンパン or シャンペン	シャンパン　champagne(仏)。英語の発音はシャンペイン。

間違いやすい表現

シュミレーター or シミュレーター	シミュレーター　simulator。発音に注意。
クローズアップ or クロースアップ	クローズアップ　close up　原音ではクロースアップだが、慣用でクローズアップを使う。
カソリック or カトリック	カトリック　Catholic。カソリック、旧教は放送では使わない。
バンコック or バンコク	バンコク　Bangkok。同様にウラジオストク（×ウラジオストック）。
カムチャッカ or カムチャツカ	カムチャツカ　Kamchatka。
H（発音して下さい）	エイチ　アルファベットの8番目の文字。pH（水素イオンの濃度を示す記号）はピーエイチ。

 表現の間違いがわかりますか。

デッドロックにのりあげる	deadlock　ロック（Rock 岩）ではないので、「〜にのりあげる」は間違い。「〜に陥る」「〜を打開する」。
愛想を振りまく	「愛敬を振りまく」。（「愛想をする」以外は「愛想を尽かす」「愛想もない」など否定表現が多い）。

間違いやすい表現	
人材を青田刈りする	「青田買い」。「青田刈り」は稲の栽培を途中で放棄し刈ること。
明るみになる	「明らかになる」または「明るみに出る」。
揚げ足をすくう	「揚げ足を取る」または「足をすくう」。
足げりにする	「足げにする」。
頭をかしげる	「首をかしげる」。
事故の当り年	「当り年」は良いことに使う。「事故の多い年」とする。
怒り心頭に達する	「怒り心頭に発する」。
子どもが3人、一姫二太郎です	「一姫二太郎」を女子ひとり、男子ふたりの意味で使っているが、正しくは**「最初に女子が生まれ、次に男子」**の意味。一女二男ではない。
上や下への大騒ぎ	「上を下への大騒ぎ」。

押しも押されぬ	「押しも押されもせぬ」「押すに押されぬ」。
汚名挽回 (汚名回復)	「名誉挽回」「名誉回復」または「汚名を雪ぐ」「汚名返上」。
女手一人で育てる	「女手一つで育てる」。
風下にもおけぬ	「風上にもおけぬ」。
枯木も山のにぎわい、ご出席を!	「数がそろえば賑やかである」という意味。目上、先達には「錦上(キンジョー)花を添える」という。
元旦の夜	「元日の夜」(元旦は元日の朝の意味)。
間髪を移さず	「間髪(カンハツ)を入れず」。
漢文の書下ろし文	「漢文の書き下し文」。
喧々諤々	「喧々囂々(ケンケンゴウゴウ)」は騒がしいさま。「侃々諤々(カンカンガクガク)」は堂々と議論を戦わせるさま。

気のおけない人…って失礼な!	「気をつかわずに安心してつき合える人」であり「用心しなければいけない人」ではない。
気のおける人	「気のおけない人(気をつかう必要がない人)」の使い方のみ。
議論伯仲	「議論白熱」「議論沸騰」。「伯仲」は兄と弟、優劣のないこと。
櫛の歯が抜けるように	「櫛の歯が欠けるように」。
苦渋を味わう	「苦汁をなめる」「苦渋に満ちた」。
口先三寸	「舌先三寸」。
剣もほろほろ	「けんもほろろ」(ケン、ホロロは雉〈キジ〉の鳴き声)。
言論風発	「談論風発」「議論沸騰」。
将棋を打つ、碁を指す	「将棋を指す」「碁を打つ」。

間違いやすい表現

プールの柿(こけら)落とし	こけら落としは劇場のみに使う。「こけら」とは木くずのこと。
古式ゆたかに	「古式ゆかしく」。
酒を飲み交わす	「酒を酌み交わす」。
主役の座をしとめる	「座を射止める」。
弱冠30歳	「弱冠」は男子20歳。女性や、20歳から大きく離れる年齢には使わない。
従来から(より)	「従来」だけで「から(より)」の意味を含む。
食指をそそる	「食欲をそそる」「食指を動かす」。
白羽の矢を当てる	「白羽の矢を立てる」「白羽の矢が立つ」。
よいジンクス	「ジンクス」は悪いことの前兆。

間違いやすい表現	
25日からスタート!（オープン）	×「〇日から〜」 ○「〇日に〜」。
寸暇を惜しまず	「寸暇(スンカ)を惜しんで」または「労を(骨身を)惜しまず」。
精も根も疲れ果てる	「精(も)根(も)つきはてる」または「疲れ果てる」。
体調をこわす	「体調を崩す」または「調子をこわす」。
君を他山の石として頑張るよ	他の人のつまらないことでも自分を磨く助けにすること。すぐれた業績と比較する場合には使わない。
チャンスの芽をつかむ	「チャンスをつかむ」「チャンスの芽を摘む」。
手をこまねいて見ている	伝統的には「手をこまぬいて〜」。「こまねいて」も間違いではない。
手の裏を返すように	「手のひらを返すように」。
出る釘は打たれる	「出る杭は打たれる」。

取りつく暇がない	「取りつく島がない」の誤用。
流れに棹さすあまのじゃく	「流れに逆らう」。「流れに棹さす」は「時流にうまく乗って進む」こと。
情けは人のためならず。お節介はやめておこう	「まわり回って自分のためになる」という意味。「情けを掛けるのは人のためにならない」ではない。
二の舞を繰り返す（踏む）	「二の舞を演じる」。「二の舞」に「繰り返し」の意味を含むため。
濡れ手で泡	「濡れ手で粟」「泡を食う」。
熱にうなされる	「熱に浮かされる」または「悪夢にうなされる」。
馬脚を出す	「馬脚を現す」。
腹が煮えくり返る	「はらわたが煮えくり返る」。
犯罪を犯す	「罪を犯す」。「犯罪を犯す」は重複表現だが話し言葉では可。

君の晩年は充実しているね	死後、定まるものである。生存者の「晩年」はない。	間違いやすい表現
悲喜こもごもの合格発表	一人の心の中の悲しみ、喜びを言う。喜ぶ人、悲しむ人が交錯するときには使わない。	
きめ細やかな肌	「きめ細か（きめこまか）な肌」。「細やか」は「精緻な」「心が隅々まで行き届いている」という意味。	
法案が成立	「法案が可決」「法が成立」。	
ほぞをかむ思いであきらめる	「ほぞをかむ」は後悔する意味なので注意。	
的を得る	「的を射る」または「当を得る」。	
見かけ倒れ	「見かけ倒し」。	
水かさが高くなる	「水かさが増す」。	
耳ざわりがいい音楽	「耳障り」は不快な場合に使う。肌触り、舌触りなどは良い意味でも使われる。	

胸先三寸に納める	「胸三寸に納める」。
目をひそめる	「眉をひそめる」。
燃えたぎる	「燃え盛る」「煮えたぎる」。
私では到底役不足です	「その人の力量に比べ役目が軽い」意味。「力不足」との混用に注意。
焼けぼっ栗に火がつく	「焼けぼっ杭に火がつく」。焼けぼっくいとは、焼けさしの棒杭のこと。
○○した矢先	「矢先」はする前の表現。「○○した直後」と使い分ける。
弓矢を引く	「弓を引く」(反旗を翻す)「矢を放つ」。
予算案が成立	「予算が成立」「予算案が可決」。
四つどもえ	「三つどもえ」。「ともえ(巴)」は三つの場合のみ。

寄る年には勝てない	「寄る年波には勝てない」。
最優秀の烙印を押された	烙印は悪い意味のみ。よい意味で使われるのは「太鼓判」。
論議を醸す	「物議を醸す」。
例外に漏れず	「例に漏れず」。
轍(ワダチ)の音も軽やかに	「車輪の音も軽やかに」。轍は車輪の跡。
細かいところに目配せをする	「目配りをする」。「目配せ」は目で合図を送ること。
極めつけ	「極めつき」。極め書き(鑑定書)がついていることの意。

間違いやすい表現

もっと知りたい　一姫二太郎

　平成24年度の「子ども・子育て白書」によると、１人の女性が一生のうちに産む子供の数は、ここ数年わずかに上昇する傾向にあるものの、平成22年で1.39と、まだまだ低い数字です。
　兄弟が少ない時代のなかで、意味が誤解されやすいのが「一姫二太郎」。本来は「子どもを産むなら、最初が女の子、次が男の子というのが理想だ」という意味で使われる言い方です。女の子のほうが、夜泣きが少なく病気になりにくいなど、育てやすいといわれることからできたようです。
　しかし、平成12年度に文化庁が行った調査では、およそ３割の人が、「子どもは女の子１人、男の子２人がよい」という意味に受け止めていたのです。３人兄弟ということになりますね。「子どもは何人ですか？」との質問に「２男１女です」と、人数を答える言い方と混同してしまったのかもしれませんね。また、なかには「１人の女性に対して２人の男性が言い寄る」と誤解している若者もいるようです。
　それにしても、「一姫二太郎」という言葉は、誤解を伴いながら残っていくのでしょうか。それとも、少子化が続いて死語となってしまうのでしょうか。時代と言葉、ともに変化に注目していきたいものです。

もっと知りたい　極めつき

　「極めつけ」と「極めつき」、どちらが正しいと思いますか？　正解は「極めつき」。「極め」とは、もともと書画・刀剣・骨董類についている「極め書き（きわめがき）」という鑑定の証明書のことです。桐の箱の裏側に書かれていたり、極札という札が入っている場合もあります。この「極め」がついている、つまり「極めつき」のものは、確かなものとして値が上がることから、「定評のあるもの。高い評価を受けているもの」という意味となり、美術品以外にも「極めつきの店」「極めつきの演技」など、広く使われるようになったのです。
　しかし、平成７年のＮＨＫ放送文化研究所の調査では、62％の人が「極めつけ」を使うと答えています。言葉の元となった「極め」が何かを知らない人が多くなっているからかもしれません。
　また最近では、「極めつけにデザートまで食べてしまった」とか、「仕事で遅くなり極めつけに雨まで降ってきた」という悪い意味での使い方も出てきたようです。「極限に達する」という意味の「極める」から連想して、このような使い方をするのかもしれませんね。

Section 3
政治・経済で よく使われる日本語 98

傀儡	**カイライ** 操り人形(「クグツ」とも)。〜政権
管轄	**カンカツ** 権限を持って支配すること。〜官庁
極右	**キョクウ** ×ゴクウ。 極端に保守的、国粋主義的な思想、立場、団体。
極左	**キョクサ** ×ゴクサ。 極端に急進的、革命的な思想、立場、団体。

閨閥	**ケーバツ** 夫人の親戚関係で形成される派閥。〜偏重
更迭	**コーテツ** ×コーソー。 役を改め替えること。責任者を〜する
宰相	**サイショー** 総理大臣。平民宰相・原敬
搾取	**サクシュ** しぼり取る。人民を〜する
施行	**シコー** ×セコー。 実際に行うこと。施工(セコー)とは違う。法律を〜する
施策	**シサク** ×セサク。 政策などを立て実際に行うこと。今政府がとるべき〜
諮問	**シモン** 意見を求めること。改善案を〜する
秋波	**シューハ** 流し目、色目。〜を送る
首長	**シュチョー** ×クビチョー。 集団、団体や地方自治体などの長。

出生率	シュッショーリツ △シュッセーリツ。子どもの生まれる割合。〜の低下	政治・経済
上下両院	ジョーカリョーイン ×ジョーゲ〜。上院と下院（カイン）。〜の同意で成立	
大綱（防衛計画〜）	タイコー ×オーヅナ。根本となるもの。大づかみにとらえた内容。	
治安維持	チアンイジ ×ジアンイジ。人々が安心・安全に暮らせるように社会秩序を保つこと。	
登庁	トーチョー ×トチョウ。官庁に出勤すること。	
批准	ヒジュン 条約の国家における承認、同意。	
罷免	ヒメン 職を辞めさせること。	
約款	ヤッカン 条約、契約などに定められている条項。	
遊説	ユーゼイ ×ユーゼツ。自説をといて回る。選挙の〜を行う	

領袖	リョーシュー　人の頭に立つ人。目立つエリとソデから。派閥の〜
稟議	リンギ　×ヒョーギ。　官庁などで会議には及ばないものの回覧承認。〜する
労組	ローソ　×ロークミ。　労働組合の略。〜がストライキをする
粗利	アラリ　×ソリ。　粗利益（アラリエキ）。〜で100万円
嫌気 （2通りの読み）	イヤケ、イヤキ イヤケ…何となくいやだと思う。〜が差す イヤキ…株式市場で思い通り相場が動かず悲観すること。動きを〜して
馘首	カクシュ　解雇すること。〜する、〜される
貸金業	カシキンギョー　×カシガネ〜。　金を貸す商売。銀行には言わない。〜をしている
寡占	カセン　少数の大企業が生産販売の大半を制すること。〜状態は良くない
金繰り	①カネグリ②カナグリ　金銭のやりくり。資金の調達。

金詰まり	**カネヅマリ** ×カナヅマリ。 資金繰りに困る。
借入金	**カリイレキン** ×シャクニュウキン。 送りがな特例。単独では「借り入れ」と書く。
為替	**カワセ** 現金でなく遠隔地との決済をする方法。外国〜
元本	**ガンポン** ×ゲンポン。 もとで。元金。
元利	**ガンリ** ×ゲンリ。 元金と利息。〜合計
金地金	**キンジガネ** 金の地金(ジガネ)のこと。金地金本位制(キンジキン〜)は、金本位制のこと。
工面	**クメン** 金のやり繰り。資金の〜
県産品	**ケンサンヒン** ×ケンサンピン。 県内で生産された品。
口銭	**コーセン** ×クチゼニ。 仲介手数料。〜を取る

政治・経済

公司	コンス ×コーシ。 中国の商社。中華〜
最高値・最安値	サイタカネ・サイヤスネ ×サイコーチ。円株市場の1日、月間の変動の最高最低で、「最・高値」の意味。「最高」の「値」はサイコーチ。
債務	サイム ×セキム(責務)。 借金。〜超過
借款	シャッカン 金銭の貸し借り。国と国との間などに使う。〜協定
出納	スイトー ×シュツノー。 金銭の出し入れ。金銭〜簿
創業家	ソーギョーケ ×ソーギョーカ。 起業した人物の一族。〜出身の社長を解任
遡及	ソキュー ×サッキュー。 過去にさかのぼる。4月まで〜して支払う
第四四半期	ダイヨンシハンキ ×ダイシシハンキ。1年を3か月ずつ4等分した4番目の期間。
兌換	ダカン 引き換えること。〜紙幣

賃金	チンギン ×チンキン。 労働の対価として労働者に支払われる金銭。
手形交換所	テガタコーカンジョ 日々授受した手形・小切手類を持ち寄って交換し、相互間の貸借を精算するために集まる場所。
発会式	ハッカイシキ ×ハツカイシキ。 会の発足の際の儀式。対義語；納会。
粉飾	フンショク 実情を隠し、うわべを取り繕うこと。～決算
補塡	ホテン 欠損をうめること。
保合	モチアイ ×タモチアイ。 相場に大きな変動がないこと。企業同士が互いに相手の株式を保有しあうこと。
乱高下	ランコーゲ ×ランコーカ。 上がり下がりの変化が激しいこと。
割賦販売	ワップハンバイ、カップハンバイ 分割払いを前提とした販売。「分割払い」などと言い換える。
行在所	アンザイショ 天皇行幸の際の仮のお住まい(行宮：アングー)。～になる

政治・経済

謁見	エッケン ×カッケン。 偉い人に目通りする。陛下に〜する
大君(皇族の尊称)	オーキミ ×タイクン。 タイクンと読むのは、君主の尊称、あるいは江戸時代外国に対して用いた将軍の別号。
黄綬褒章	オージュホーショー 長い間業務に従事した人に与える褒章。〜を受章
賢所	①カシコドコロ②ケンショ 宮中三殿(皇霊殿、神殿、賢所)の一つ。一般的には「カシコドコロ」がわかりやすい。
御物	ギョブツ ×ゴモツ。 天子の所有物。正倉院〜
今上天皇	キンジョーテンノー 現在の天皇陛下。放送では単に天皇(陛下)とする。
宮内庁御用達	①クナイチョーゴヨータシ②クナイチョーゴヨータツ 御用達は宮中・官庁などに用品を納入すること。「御用達制度」はすでになくなっているので安易に使わない。
皇太后	コータイゴー 先帝の皇后。
三種の神器	サンシュノジンギ ×〜シンキ。 八咫の鏡(ヤタノカガミ)、草薙の剣(クサナギノツルギ)、八坂瓊の勾玉(ヤサカニノマガタマ)。

侍従職	**ジジューショク** 宮内庁で天皇皇后の側近奉仕の部局。
修学院	**シューガクイン、シュガクイン** 離宮はシューガクイン。その他は要確認。
従一位	**ジュイチイ** ×ジューイチイ。 国家に功績のあった故人に与えられる栄典の一つ。正と従の一位から八位まである。
従三位	**ジュサンミ** ×ジューサンイ。 正三位の下。〜の参議
従四位	**ジュシイ** ×ジューヨンイ。
正三位	**ショーサンミ** ×セイサンイ、×ショーサンイ。 従三位参照。
神器	**ジンギ** ×シンキ。 神から伝わる宝器。三種の〜
節会	**セチエ** 節日など天皇が催す公式の宴会。白馬(アオウマ)の〜
内裏	**ダイリ** 天皇が常に住む御殿。

政治・経済

殿上人	テンジョービト ×デンジョー。 昇殿を許された人。五位、六位蔵人以上。対義語；地下（ジゲ）。〜の暮し
女官 （2通りの読みで）	ニョカン、ジョカン 宮内庁は明治以来、ニョカン。外国王室関連はジョカンが多い。
女官長	ニョカンチョー 宮内庁の女官のトップ。〜職
硫黄島 （小笠原諸島）	イオートー ×イオージマ。 小笠原列島の南、太平洋戦争の激戦地。映画は「硫黄島（イオージマ）からの手紙」。鹿児島の硫黄島はイオージマ。
下士官	カシカン ×ゲシカン。 兵と士官の間の階級。
緩衝地帯	カンショーチタイ 対立する国などの衝突を緩和するためにもうけた中立地帯。
橋頭堡	キョートーホ 渡河・上陸作戦などで、攻撃の拠点として敵地に築く陣地。
口径	コーケー ピストルでは45〜は直径0.45インチの略。艦砲は弾の直径掛けるこの数字で砲身の長さを表す。
後詰	ゴヅメ ×アトヅメ。 控えの軍隊。〜にまわる

在郷 (2通りの読みで)	ザイキョー、ザイゴー　ザイキョー…故郷にいる。ザイゴー…田舎にいる。
在郷軍人	ザイゴーグンジン　現役を退いた予備役、後備役の軍人。〜会、〜病（レジオネラ病）
手榴弾	シュリューダン、テリューダン　放送では手投げ弾と言い換え。テリューダンは旧日本軍読み。
城塞(城砦)	ジョーサイ　城や砦。堅固な〜
零戦	ゼロセン　×レーセン。　零式（レイシキ）艦上戦闘機。
中将	チュージョー　×チューショー。　軍隊の階級の一つ。律令制での官位の一つ。
B29	ビーニジューク　×ビーニジューキュー。アメリカの爆撃機。原爆投下、東京空襲にも使われた。
兵糧	ヒョーロー　×ヘーロー。　軍用の食料。〜も尽き果て
俘虜	フリョ　×ホリョ。　とりこ。捕虜。〜収容所

政治・経済

兵役	ヘーエキ ×ヘーヤク。 徴兵で軍隊勤務に就くこと。
兵站	ヘータン ×ヘーセン。 軍隊や戦闘に必要な物資の調達・輸送。ロジスティックス。〜作戦、〜基地
兵法	①ヘーホー②ヒョーホー 軍隊の戦いのしかた。戦略。生〜はナマビョーホー
流民	リューミン、ルミン 居所を失って他郷をさすらう民。流人(ルニン)は流罪(ルザイ)に処せられた人。

もっと知りたい　施行

「法律の施行」。この「施行」を皆さんは何と読みますか？　一般的には「しこう」と読み、法律の専門家は「せこう」と読む人が多いようです。伝統的な読み方は「しこう」です。辞書の見出しは「しこう」を掲げているものが多いですし、用例を見ても室町時代には「しこう」と読まれていることがわかります。

しかし、法律の専門家は、法律用語にある「強制執行」「刑を執行する」などの「執行（しっこう）」と区別するために、「施行」を「せこう」と読む慣例があるということです。ただ、放送では、「せこう」は工事関係の「施工」を指し、「施行」はあくまでも「しこう」で統一しています。

他にも、「競売」は一般的には「きょうばい」ですが、法律の専門用語としては「けいばい」と読まれます。放送では、以前は法律に基づいて実施されるものかどうかで読み分けていましたが、現在はすべて「きょうばい」で統一しています。

また、「遺言」も法律の専門用語では「いごん」ですが、放送では「ゆいごん」としています。

専門家は意識的に専門用語を使いますが、放送では一般的に使われているわかりやすい表現を優先することが多くなっています。

Section 4
事件報道でよく使われる日本語 69

害める(殺める)	**アヤメル** 人を殺傷する。
縊死	**イシ** 首をくくって死ぬこと。〜して果てる
引火	**インカ** ×ヒキビ。 可燃性の物質が、他の火や熱によって燃え出すこと。
隠匿	**イントク** 見つからないようにかくすこと。物資〜

隠避	インピ ×インタイ。（法律用語）犯人の発見を妨げる行為。逃走資金提供、別人出頭など。犯人〜
湮滅	インメツ ×エンメツ。 埋もれ消えること。消すこと。証拠〜
嬰児	エージ 赤ん坊。〜虐待
役務賠償	エキムバイショー ×ヤクムバイショー。労力で相手国の損害を償う。〜に応ずる
冤罪	エンザイ 無実の罪。ぬれぎぬ。〜事件
殴打	オーダ ひどく殴ること。〜事件
脅し取る	オドシトル ×ダマシトル。 脅迫して金品を奪い取る。
改竄	カイザン 勝手に書きかえる。資料を〜する
義捐金	ギエンキン 災害などの扶助のための任意募金。義援金。〜を募る

毀損	キソン　傷つけ損なうこと。名誉毀損
教唆	キョーサ　×キョーシュン。　教えそそのかすこと。犯罪を〜する
譴責	ケンセキ　×イセキ。　責任を咎め、戒める。〜処分
拘引	コーイン　とらえて連行する。警察に〜される
痕跡	コンセキ　あとかた。火を使った〜がある
殺害	サツガイ、セツガイ　（一般的には）サツガイ　（時代語）呉音でセツガイ。
殺戮	サツリク　惨たらしく多くの人を殺すこと。大量〜
自首	ジシュ　犯罪が発覚する前に犯人が名乗り出ること。手配以前は自首、以後は出頭という。
重傷・軽傷	ジューショー、ケーショー　30日未満の治療が「軽傷」30日以上が「重傷」。

事件報道

入水	ジュスイ　水中に投身自殺すること（時代語）。ただし、〜自殺や水泳競技ではニュースイと読むことも。安徳天皇の〜
遵守	ジュンシュ　×ソンシュ。　規則に則り守ること。法を〜する。NHK表記は「順守」。
遵法	ジュンポー　法を守ること。〜闘争。NHK表記は「順法」。
焼死	ショーシ　×ヤケシニ。　アナウンスでは、語感が強いので言い換える。「火事で死亡」など。〜体
心中 (2通りの読み)	シンジュー、シンチュー　シンジュー…相愛の者が合意の上にともに死ぬこと。合意なしに道連れに死ぬこと。シンチュー…心の内。
折檻	セッカン　厳しく戒める。体罰。〜を加える
窃盗	セットー　こっそり盗む。〜犯
前科者	ゼンカモノ　×ゼンカシャ。　犯罪歴があり刑務所に入ったことがある。放送では使わない。〜と流刑者
贈賄	ゾーワイ　×ゾーアイ。　わいろを贈ること。〜と収賄

建屋	タテヤ ×ケンオク。 原子力発電所で原子炉が置かれている建物を言う。原子炉〜にひびが入る
拿捕	ダホ 船をとらえること。領海侵犯で〜する
溺死	デキシ 溺れ死ぬこと。〜者
二人組	①ニニングミ②フタリグミ 伝統的な読みはニニングミ。
入獄	ニューゴク 刑務所に服役する。〜する
捏造	ネツゾー でっちあげ。「デツゾー」の慣用読み。証拠を〜する
不審火	フシンビ ×フシンカ。 原因不明の火災、放火の疑いがあるもの。〜で全焼
幇助	ホージョ 手助けをすること。自殺〜
暴発	ボーハツ ×バクハツ。 思いがけずに銃などが発射されてしまうこと。バクハツは爆発。〜事故

事件報道

火傷	ヤケド　やけど。〜を負う
遊興費	ユーキョーヒ　×ユーコーヒ。　遊びに使う費用。盗んだ金は〜に使った
癒着	ユチャク　ぴったりくっつく。好ましくない状態として使う。業界と〜する
拉致	ラチ　×ラッチ。　無理につれていく。
掠奪	リャクダツ　力ずくで奪い取る。大金を〜する
陵(凌)辱	リョージョク　はずかしめる。
猥褻図画	ワイセツトガ　×ワイセッズガ。　劣情を催させる裸の絵画写真(法律用語)。〜を摘発する
賄賂	ワイロ(マイナイ)　不正な贈り物。〜を贈る
瑕疵	カシ　×カヒ。　きず。法的な欠陥。遺言状に〜があった

競売	キョーバイ(ケーバイ)　アナウンスではキョーバイを使う。ケーバイは法律家が使うことがある。
禁治産者	①キンチサンシャ②キンジサンシャ　自分の財産管理を禁じられた者。
心身耗弱	シンシンコージャク　×シンシンモージャク。　精神機能の低下により是非善悪をわきまえることがきわめて困難な状態。
強盗傷人	ゴートーショージン　法律用語。強盗の際、故意に人を傷つけること。故意がなければ強盗致傷。
三権分立	サンケンブンリツ　×サンケンブンリュー。立法・司法・行政がそれぞれ独立していること。〜の基本
借家	シャクヤ、シャッカ　シャクヤ…(一般用語)「借地借家法」はシャクヤホーで放送も可。シャッカ…法律関係者が使うことがある。
酌量	シャクリョー　推し量る、てかげんする。情状〜
退ける(上告を〜)	シリゾケル　×ノケル。　受け入れないで拒む。はねつける。
人定質問	ジンテイシツモン　被告人の氏名年齢を尋ねる。〜に答える

事件報道

人定尋問	ジンテイジンモン　証人、鑑定人が本人か確認するための訊問。〜に応ずる
騒擾	ソージョー　騒いで秩序を乱す。〜罪（騒乱罪）
弾劾	ダンガイ　裁判官などを対象にした審判。〜裁判
嫡出子	チャクシュツシ　×テキシュツシ。　法律上婚姻関係にある男女から生まれた子。〜と非〜の区分
続柄	ツヅキガラ　親族としての関係。〜はいとこ
定款	テーカン　会社などの根本規則。〜に定める
図利	トリ　×ズリ。　賭博開帳を企てること。（専門用語）。
根抵当	ネテイトー　×コンテイトー。　将来の債権を一定限度で予め担保する抵当。〜を設定する
買春（2通りの読みで）	バイシュン（カイシュン）　カイシュンは児童買春の法律用語として使用。対象が大人の場合、売春も買春もバイシュン。

誣告	**ブコク**　偽りに基づいて訴える。虚偽申告とは違う。〜罪（現在は「虚偽告訴罪」）
法の下の平等	**ホーノモトノ〜**　×ホーノシタノ〜。法のもとでは、権利の享有や義務の負担につき差別的取り扱いをされないという近代憲法の中核をなす原則のひとつ。

Section 5
間違いやすい地名・名所・名産品 39

茨城県・茨木市	イバラキ ×イバラギ。 茨木市は大阪府北部にあるまち。
大桟橋	オーサンバシ 大きな桟橋(横浜の地名)。横浜港の〜
奥日向	オクヒューガ 地名。宮崎。
御柱祭	オンバシラマツリ ×ミハシラマツリ。諏訪大社の祭り。勇壮な〜

上総	カズサ ×ジョーソー。 千葉の旧国名。〜下総(シモーサ)
浅草寺の雷門	センソージノカミナリモン ×アサクサデラ・ライモン。 浅草寺の旧正門。
唐子踊り	カラコオドリ ×トーシオドリ。 岡山県ほかの伝統的な踊り。
関西学院大学	カンセーガクイン〜 ×カンサイ〜。 関西の私立大学の一つ。関学(カンガク)。関西(カンサイ)大学は関大(カンダイ)。
杏林大学	キョーリン ×オーリン。 東京・三鷹と八王子にキャンパスを持つ私立大学。
上野(2通りの読み)	コーズケ、ウエノ コーズケ…旧国名(群馬県) ウエノ…東京、伊賀等の地名。
佐渡	サド 佐渡市。地域名としては佐渡も。
三階節	サンガイブシ 新潟県の民謡。
三社祭	サンジャマツリ 浅草神社の祭り。〜の賑わい

地名・名所・名産品

四高	**シコー** ×ヨンコー。 旧制第四高等学校(金沢市)。
鹿踊り	**シシオドリ** ×シカオドリ。 東北岩手に伝わる伝統芸能。
七高	**シチコー** ×ナナコー。 旧制第七高等学校(鹿児島市)。～祭歌
下総	**シモーサ** ×シモフサ。 旧国名(千葉、茨城)。町名はシモフサマチ。
不知火	**シラヌイ** ×シラヌヒ。 八代海・有明海などで沖合の漁り火が明滅して見える、光の異常屈折現象。八代海の～
白馬岳	**シロウマダケ** ×ハクバダケ。 富山・長野の山。村名はハクバ。
仙台牛	**センダイギュー** 特産牛。
大雪山系	**タイセツサンケイ** 北海道中央部にある山系。ただし「タイセツサン」という山はない。国立公園は大雪山国立公園(ダイセツザン)。
大文字	**ダイモンジ** 京都・五山の送り火の一つ。×大文字焼き。

焼火	タクヒ　島根の祭事。
筑紫野市	チクシノシ　チクシと読むもの…筑紫郡　筑紫野市
筑紫(旧国名)	ツクシ　ツクシと読むもの…筑紫平野　筑紫山地　筑紫二郎(筑後川)　など。
津軽じょんがら節	①ツガルジョンカラブシ②ツガルジョンガラブシ　地元ではジョンカラなので注意。
中州(川の〜)	ナカス　一般名詞はナカス。地名の場合は、読みはもちろん、州にさんずいの有無も含め要確認。
西名阪道路	ニシメーハンドーロ　天理・東松原間を結ぶ高速道路。
二松学舎	ニショーガクシャ　×フタマツガクシャ。学校名。
野馬追い	ノマオイ　×ヤバオイ。　福島県相馬地方に伝わる行事。
馬喰	バクロー　×バショク。　馬の商人。博労・伯楽とも。〜町はバクロチョウ。

地名・名所・名産品

馬橇	バソリ ×ウマソリ。 馬の引くそり。～にのる
輓曳競馬	バンエーケーバ 馬に重量物を引かせる競争。
万古焼	バンコヤキ ×マンコヤキ。 三重県産の陶器。
東名阪道路	ヒガシメーハンドーロ ×トーメーハンドーロ。 亀山・名古屋間を結ぶ高速道路。
紅型	ビンガタ ×ベニガタ。 沖縄の型染。色が鮮やか。～染め
安来節	ヤスギブシ ×ヤスキブシ。 島根県の民謡。どじょうすくいで有名。
山手線	ヤマノテセン ×ヤマテセン。 東京中心部の鉄道路線。神戸市営地下鉄は、西神・山手(セーシン・ヤマテ)線。
遊行寺	ユギョージ ×ユーコージ。 藤沢市にある時宗の寺。～で修行

もっと知りたい 茨城

「茨城県」の読み方は、いばらぎ県ですか？　いばらき県ですか？　正式には「いばらき県」で、「き」は濁りません。

「茨城」誕生の歴史はまず、645年大化の改新にさかのぼります。今の茨城県あたりに常陸国（ひたちのくに）が生まれ、その下に11の郡（こおり）がおかれました。その一つの郡に「茨城」があったのです。「常陸国風土記」（713年）に「茨城」の語源がいくつか載っているのですが、その一つに「黒坂命（くろさかのみこと）という人が賊を滅ぼそうと、茨の城を造った。その所以にその土地の名を茨城と謂う」とあります。漢文のため何と読むのかは分かりませんが、その後「うばらき」と振り仮名がされました。つまり「き」は濁っていなかったことがわかっています。そして、1871年の廃藩置県後の県の統廃合で「茨城（いばらき）県」が誕生したのです。

どうして、「ギ」と濁る人が多いのかを、茨城県庁の方にたずねたところ、茨城方言の特徴として、例えば、「赤」を「アガ」、「柿」を「カギ」と言ったように、語中や語尾のカ行やタ行の音が濁音になる傾向があり、他県の人に「いばらぎ」と聞こえたのかもしれない、と話してくれました。

また、日本語には二つの言葉がつながると、後に続く音が濁る場合があります。例えば、「筆」+「箱」=「筆箱」は、「ふでばこ」ですね。

ですから、「茨」+「城」で「いばらぎ」となってしまうのかもしれません。また同じ「城」を使う「宮城県」は「みやぎ」と濁ることも影響しているかもしれませんね。発音のしやすさもあるでしょう。ちなみに、大阪府茨木市も、「いばらきし」と濁りません。

地名・名所・名産品

Section 6
スポーツでよく使われる日本語 28

先攻	センコー ×サキゼメ。 野球用語。対義語；後攻。
後攻(め)	アトゼメ △コーコー。 野球用語（先攻はセンコー）。～を選ぶ
逆手(2通りの読み)	ギャクテ、サカテ 「相手の出方を～にとる」の読みは、①ギャクテ②サカテ。他に柔道などではギャクテ、短刀の持ち方や鉄棒はサカテ。
素振(2通りの読み)	スブリ、ソブリ ×ソフリ。 スブリ…練習のために刀や竹刀、バットなどを振ること。ソブリ…動作・態度や表情に表れた様子。

素面(2通りの読み)	**スメン、シラフ** ×ソメン。 スメン…(剣道や能で)面をかぶらないこと。シラフ…酒を飲んでいないこと。
天皇賜杯	**テンノーシハイ** ×テンノーヨーハイ。大相撲の本場所で最高優勝力士に贈られるトロフィー。
登頂	**トーチョー** ×トチョウ。 山の頂きに登る。～計画
登攀	**トーハン** ×トハン。 よじのぼること。アルプス～記
年俸	**ネンポー** ×ネンボー。 一年単位で支払われる給与。
伴走	**バンソー** ×ハンソー。 競技者のそばについて走ること。聖火ランナーに～する
上手(相撲用語)	**ウワテ** 相手の差し手の上からまわしを取ること。またその差し手。反対語はシタテ。～を取る
軍配	**グンバイ** ×グンパイ。 兵の指図をする。相撲の行司が持つ道具。～を挙げる
西方(相撲用語)	**ニシガタ** ×ニシカタ。 一般的に方角を指す場合は「セーホー」。仏教用語で「～浄土」などと使われる場合は「サイホー」。

スポーツ

初顔（相撲用語）	ハツガオ　相撲で初めて対戦すること。
初顔合わせ（相撲用語）	ハツカオアワセ　初めての組み合わせ。
馬主	ウマヌシ　×バヌシ。　競走馬の所有者。○○馬主協会はバシュもあるため要確認。
馬番連勝	ウマバンレンショウ　平成3年10月から開始。一、二着を馬の番号で当てるもの。
連複X-Y	レンプクXバンYバン　連複5番6番など。連勝複式の略。
平場競走	ヒラバキョーソー　競馬で重賞又は、特別競走以外のレース。
重馬場	オモババ　×ジューババ。　雨で湿った馬場コンディション。〜レース
厩舎	キューシャ　うまや。〜情報
サラブレッド	thoroughbred　×サラブレット。　発音注意。

馬手	**バシュ** きゅう舎の作業員は、きゅうむ（厩務）員とする。馬丁は使わない。（ウマヌシ参照）。
父系（競馬用語）	**チチケー** 馬の血統。牡系（ボケー）・牝系（ヒンケー）。一般はフケー・母系（ボケー）。
母系（競馬用語）	**ハハケー** 母馬の系統に属する子孫の一群。
牝馬（競馬用語）	**ヒンバ** メス馬。対義語；牡馬（ボバ）。〜レース
牡馬（競馬用語）	**ボバ** オス馬。対義語；牝馬（ヒンバ）。種〜（シュボバ）
三才馬	**サンサイバ** ×サンザイバ。 専門家の間ではサンザイもあるが放送ではサイ。

Section 7
気象・暦でよく使われる日本語 103

五月雨	サミダレ　×ゴガツアメ。　旧暦5月頃(新暦6月)の雨。～をあつめて早し最上川
驟雨	シューウ　にわか雨。夕立。～にあう
氷雨	ヒサメ　×コーリアメ。　晩秋・初冬の冷たい雨。
地雨	ジアメ　×ジウ。　一定の強さで降る雨。

時雨	**シグレ** 秋から冬にかけ降る通り雨。初〜猿も小蓑を欲しげなり
慈雨	**ジウ** 恵みの雨。旱天(カンテン)の(に)〜
粉雪	①**コナユキ** ②**コユキ** ②は小雪(コユキ：少し降る雪)と違うので要注意。
小やみ	**コヤミ、オヤミ** 〜なく、雨が〜になる
海霧	**ウミギリ** ×カイム。 海で発生する霧。俳句などでは「ジリ」の読みも。
霞	**カスミ** 空気中の微細な水滴で遠くがぼんやりすること。〜がかかる
霰	**アラレ** 雪あられは直径約2〜5mmの不透明な氷の粒。氷あられは直径5mm未満の透明または半透明の氷の粒。
雹	**ヒョウ** 直径5mm以上の氷の粒。
霙	**ミゾレ** 雨と雪が同時に降る状態。「みぞれまじりの雪 or 雨」は誤り。

気象・暦

爛漫	ランマン　花の咲き乱れるさま。
陽炎	カゲロー　春、野原に立ち上る気。あえかなもの(＝か弱く頼りないもの)。
暮れなずむ	クレナズム　日が暮れそうで暮れない状態。春に使うことが多い。
麦秋	バクシュー　初夏。〜の候となり
五月晴れ	サツキバレ　本来は旧暦５月の良い天気、梅雨の晴れ間のこと。現在は新暦５月の晴天も言う。〜に恵まれて
入り・明け	イリ・アケ　寒、梅雨などに使い、お盆には使わない。彼岸は入りのみ。
野分	①ノワキ②ノワケ　台風の古語。
熱帯低気圧	ネッタイテーキアツ　熱帯性低気圧とは言わない。
時化	シケ　うみがあれること。〜の海

爽やか	サワヤカ　秋の季語。初夏は「すがすがしい」「気持ちのいい」などが望ましい。
小春日和	コハルビヨリ　冬の初めの暖かい日（春ではない）。〜の良い日
肌寒	ハダサム　秋の季語。
肌寒い	ハダサムイ、ハダザムイ　薄ら寒いこと。秋が来て肌に寒さを感じること。春先は「ひんやり」などがふさわしい。〜気候
木枯(凩)	コガラシ　主に晩秋から冬の冷たい季節風。〜が吹き抜ける
風足	カザアシ　風速。風の力。
大雪（2通りの読みで）	オーユキ、タイセツ　オーユキ…雪がたくさん降ること。タイセツ…二十四節気の一つ。
雪崩	ナダレ　×ユキクズレ。　雪の崩落。〜で遭難
初冠雪	ハツカンセツ　×ショカンセツ。　専門語なので、放送ではわかりやすい説明をつける。

気象・暦

入相の鐘	イリアイノカネ　寺で夕暮れに撞く鐘。
月代 （2通りの読み方）	**ツキシロ、サカヤキ**　ツキシロ…月の白んでくるころ。月。サカヤキ…侍などの髪型の一種。
日和	**ヒヨリ**　空模様。小春日和（コハルビヨリ・晩秋から初冬にかけて（11〜12月）の暖かい日和）。良いお〜で
降灰	**コーハイ**　×コーバイ。　なるべく「火山灰が降る」などと言い換える。
中国東北区	**チューゴクトーホクク**　気象庁では区としている。NHKでは中国東北部。
管区	**カンク**　○○・管区気象台　○○管区のあとで切らない。
干支	**エト**　十干と十二支。〜の置物
子年	**ネドシ**　△ネズミドシ。　十二支の1番目。十二支は子丑寅卯辰巳午未申酉戌亥。
卯年	**ウドシ**　×ウサギドシ。　十二支で4番目の年。

巳年	**ミドシ** ×ヘビドシ。 十二支で6番目の年。
亥年	**イドシ** ×イノシシドシ。 十二支で最後の年。
丙午	**ヒノエウマ** 十干十二支の一つ。この年生まれの女性は気性が荒く夫を食い殺すなどの迷信がある。十干は甲乙丙丁戊己庚辛壬癸。
睦月	**ムツキ** 旧暦1月。
如月	**キサラギ** 旧暦2月。〜の別れ(涅槃会)
水無月	**ミナヅキ** 旧暦6月。〜の暑さ
文月	①**フミズキ**②**フズキ** ×フミツキ。 旧暦7月。
師走	**シワス** 旧暦12月。極月。〜の風が寒い
一日(朔日)	**ツイタチ** ×イチジツ。 ○月1日の場合。

気象・暦

十六夜	**イザヨイ** 旧暦16日の夜。〜待ち。「いざよう」は「進もうとして進まない」「ためらう」の意。
二十四節気	**ニジューシセッキ** ×ニジューヨンセッキ。暦で季節を表す一年で24回ある節目。〜の一つ
雨水	**ウスイ** 二十四節気の一つ。雪が雨に変わるころ。(2/18頃)。
啓蟄	**ケーチツ** 二十四節気の一つ。虫が穴から這い出すころ。(3/6頃)。
穀雨	**コクウ** 二十四節気の一つ。百穀を潤す春雨。(4/20頃)。
小満	**ショーマン** ×コマン。二十四節気の一つ。(5/21頃)。
処暑	**ショショ** 二十四節気の一つ。暑さがやむころ。(8/23頃)。
白露	**ハクロ、シラツユ** ハクロ…二十四節気の一つ。秋らしくなり露を置くころ。(9/7頃)。シラツユ…一般的に露の形容。
霜降	**ソーコー** 二十四節気の一つ。霜が降りるころ。(10/23頃)。

小雪	**ショーセツ** 二十四節気の一つ。そろそろ雪が降るころ。(11/23頃)。
大雪	**タイセツ** 二十四節気の一つ。(12/7頃)。
大寒	**ダイカン** 二十四節気の一つ。一年で一番寒いころ。(1/20頃)。
元旦	**ガンタン** 元日の朝のこと。×元旦の夜 ×元旦の朝。○元日の朝 ○元日の夜。
小正月	**コショーガツ** ×ショーショーガツ。　陰暦の1月15日。
土用	**ドヨー** 土用の入り。夏が有名だが、立夏、立秋、立冬、立春の前日までの18～19日。(7/20頃)。
中日(彼岸の)	**チューニチ** 彼岸の真ん中の日(芝居、相撲はナカビ)。彼岸の～
お盆	**オボン** 入り、明けは使わない。旧盆、月遅れのお盆も使わない。中日(チューニチ)は使う。
後の月	**ノチノツキ** 陰暦八月十五夜に対し九月十三夜。閏月のことを指すこともある。

気象・暦

重陽の節句	チョーヨーノセック　旧暦9月9日菊の節句。菊の被綿（キセワタ）の露で長寿を祈る。
大晦日	オーミソカ　12月31日。〜につくのが除夜の鐘
大晦	オーツゴモリ　おおみそか。〜の行事
先勝	センショー　×サキガチ。　暦本に記入される暦注の六曜（六輝）の一つ。午前中が吉。
先負	センブ、センプ　×サキマケ。　六曜の一つ。午後は吉。〜先勝
大安吉日	①タイアンキチニチ②〜キチジツ③〜キツジツ×ダイアン〜。　六曜の一つ。万事によしという日。
赤口	シャック（シャッコー）　×セキコー。　暦本に記入される暦注の六曜の一つ。
大地震	オージシン　×ダイジシン。　大きな地震。〜が襲う
昴	スバル　星の名。プレアデス星団。〜星

風花	カザハナ、カザバナ　晴天にちらつく雪片。雪が降っている地域から風に送られてくる雪片。
氷柱 (屋根から垂れる)	ツララ　水が垂れて凍り、長い柱状になったもの。～が軒先から垂れ下がる。涼をとるための氷の柱はヒョーチュー。
白夜	①ビャクヤ②ハクヤ　夏に真夜中でも薄明か、日が沈まない現象。
東雲	シノノメ　明け方。～の空赤く
中間宿主	チューカンシュクシュ　×～ヤドヌシ。寄生虫などが人間の前に取り付く動物。ジストマの～は沢蟹
大震災	ダイシンサイ　×オーシンサイ。　大きな地震による災害。
水郷	スイキョー、スイゴー　地元の呼びかたを尊重。潮来はスイゴー、日田はスイキョーなど。
春宵	シュンショー　春の夜。～一刻値千金
帰巣本能	キソーホンノー　×キスー～。　家に帰る本能。～が働く

気象・暦

活火山	カツカザン、カッカザン　現在活動しているか、およそ１万年以内に噴火した火山。
花崗岩	カコーガン　石英、カリ長石、斜長石で出来た火成岩。御影石。〜台地
火口（火山の〜）	カコー　同じ字でヒグチも参照。
河川敷	カセンシキ、カセンジキ　川の敷地。〜で芋煮会をする
黄昏	タソガレ　夕暮れ時。反対語は、彼誰時（カワタレドキ）＝朝。
雲母	ウンモ　珪酸塩単斜晶系。マイカ。きらら。〜片岩
閾値	イキチ　ある反応を起こさせるための最低限の刺激量。シキイチということもある。
光合成	コーゴーセー　×ヒカリゴーセー。　水と二酸化炭素から光エネルギーを利用して炭水化物を合成すること。
攪拌（撹拌）	カクハン　かきまぜること。溶液を〜する

本草	ホンゾー ×ホンソー。 薬用植物・動物のこと。～学
分泌	①ブンピ②ブンピツ 生体が特有の代謝産物を排出すること。
内分泌	①ナイブンピ②ナイブンピツ ホルモンを直接血液中やリンパ液中に分泌すること。
地熱	①チネツ②ジネツ 「地熱発電所」は地元の慣用に従う。～発電
脆性破壊	ゼーセイハカイ 通常では壊れない物が低温などで破壊する。脆性＝もろさ。～現象
人文科学	ジンブンカガク ×ジンモンカガク。 理科以外の科学。人類文化についての学問。～研究所
演繹	エンエキ 論理的に結論をみちびく方法の一つ。反対語は帰納。～して述べる
生石灰	セーセッカイ ×キセッカイ。 酸化カルシウムの通称。
pH	ピーエイチ ×ペーハー。 水素指数記号。医学、農業関係者の間にはペーハーという慣用が強いので、その際は使用可。

気象・暦

もっと知りたい　小春日和

「小春日和」は春の言葉と勘違いしそうですが、「小春」は旧暦の10月のことを言い、現在の11月〜12月上旬にあたります。
つまり「小春日和」とは「徐々に寒くなる晩秋から初冬の時期に、思いがけず春のような穏やかな日がやってくること」を言うのです。
では「時雨」の時期はいつでしょう。「蝉時雨」とも使うことから、「夏」のイメージがあるかもしれませんが、これも、晩秋から初冬に降ったり止んだりする通り雨のことを言います。では「氷雨」はどうでしょう。歌謡曲の「氷雨」では、♪外は冬の雨　まだ止まぬ♪と歌いますが、実は夏の季語なのです。氷雨とは本来雷雨と共に降るひょうやあられのことを言います。しかし「氷」の字から冬のイメージをもつ人が多く、最近では辞書にも「晩秋・初冬の冷たい雨」と記載されるようになっています。
こうしてみると、旧暦と新暦の暦のずれから、季節を表す言葉も、感覚的に少しずれてしまっているかもしれません。本来は旬の時期がある野菜なども一年を通して出回るようになり、季節感そのものも薄れてきたと言われますが、四季を感じて作ってきた言葉は大切にしたいものですね。

もっと知りたい　暮れなずむ

♪暮れなずむ町の　光と影の中♪　この歌はみなさんご存知ですね。この「暮れなずむ」とはどんな光景なのでしょう。実は、日が暮れそうでなかなか暮れないでいる状態のことを表しているのです。つまりあくまでも「まだ暮れていない」のです。これを「日が暮れた」ことと勘違いして、『すっかり暮れなずんでしまった』、『暮れなずむまで待った』などというのは間違いです。聞き慣れない「なずむ」という言葉が、意味をわかりにくくしているかもしれませんね。
「なずむ」は、古事記や万葉集にも出てくる言葉で、「はかばかしく進まないこと」を表します。漢字では「泥む」と書き、泥がぬかるんで前進できない状態から、物事が滞る意味になりました。この「暮れなずむ」には、夕焼けなど秋のイメージがあるかもしれませんが、秋の日はつるべ落としといいますから、むしろ日脚の長い春にぴったりの言葉です。
もうひとつ、♪暮れそうで暮れないたそがれ時は♪　という歌もありますね。「たそがれ」も夕暮れのことですが、古くは「誰彼」と書き、「誰（たれ）ぞ？　彼は」と、人の見分けがつきにくい時間帯を指した言葉です。これもイメージの豊かな言葉ですね。

Section 8
医療・人体に関する日本語 57

初産（一般的&医学的読み）	**(一般)ウイザン、ハツザン　(医学)ショサン、ショザン**　ウイザン、ハツザン…初めてのお産。　ショサン、ショザン…医学的に言う場合に使われる。〜は大変だ
胞衣	**エナ**　胎児を包む胎盤など。
黄熱病	**オーネツビョー**　×コーネツビョー。野口英世が発見した熱病。〜の発見
脚気	**カッケ**　ビタミンB_1不足で起きる病気。〜には米糠（コメヌカ）

吃音	キツオン　どもること。〜障害
嚔	クシャミ　×クサメ。　中枢は延髄にある呼吸反応。〜が出る
痙攣	ケーレン　ひきつり。足が〜して倒れる
解毒	ゲドク　×カイドク。　体内の毒を消す。〜剤
病膏肓に入る	ヤマイ・コーコーニイル　×コーモー。体の奥深い部分。ここに病が入るとなかなか治らないとされる。
口腔	コーコー、コークー　口の中。（一般的に）コーコー。（医学用語で多い）コークー。〜外科
腓返り	コムラガエリ　足の急激なひきつり。〜を起こす
昏睡	コンスイ　深い眠り。〜状態
四十肩	シジューカタ　×ヨンジューカタ。　40歳ころになって慢性的に肩が痛むこと。

執刀	シットー　手術のメスを握る。〜医
疾病	シッペー　×シツビョー。　病気。エキビョーは疫病。〜調査
煮沸	シャフツ　煮立てること。〜消毒
主治医	シュジイ　×シュチイ。　主となって治療に当たる医師。かかりつけの医師。
腫瘍	シュヨー　できもの。
静脈	ジョーミャク　×セーミャク。　末梢の毛細血管網から心臓に戻る血液を運ぶ血管。
人工心肺	ジンコーシンパイ　×ジンコーシンハイ。心臓と肺の働きを代行する装置。
人事不省	ジンジフセイ　×ジンジフショー。　気絶している状態。高熱で〜に陥る
塵肺	ジンパイ　塵埃を多量に吸ってなる肺の病気。〜災害

医療・人体

| 甦生 | **ソセイ** 仮死状態から意識が戻る、蘇生と同じ。〜体験 |

| 足関節 | **ソッカンセツ、ソクカンセツ** ×アシカンセツ。 足首の関節。 |

| 中風 | **チューフー** △チューブ。 脳溢血の後遺症などで身体不随の症状。〜になる |

| 悪阻 | **ツワリ** 妊娠中の気分の悪いとき。〜がひどくて苦しむ |

| 疼痛 | **トーツー** 激しい痛み。〜に目が眩む思い |

| 湯薬 | **トーヤク** ×ユヤク。 せんじぐすり。 |

| 頓服 | **トンプク** 一回で効くとしている薬。熱さましの〜 |

| 難治 | **ナンジ** 病気が治りにくいこと。〜病患者 |

| 脳梗塞 | **ノーコーソク** 脳血栓と脳塞栓の総称。〜で倒れる |

徘徊	ハイカイ　うろつきまわる。～する老人
白衣	ハクイ、ハクエ、ビャクイ、ビャクエ　ハクイ…～の勇士、～の天使。ハクエ…～の装束。ビャクイ、ビャクエ…～の行者
発疹チフス	ハッシン　×ホッシン。　シラミの媒介によって感染する伝染病。全身に細かい発疹が現れる。
鼻腔	(一般)ビコー　(医学)ビクー　鼻孔から咽頭までの空気の通路。(一般的に) ビコー。(医学用語で) ビクー (鼻孔と区別するため)。
肥立ち	ヒダチ　産後の回復。産後の～が悪く
病巣	ビョーソー　病の元となる部位。～を摘出
発作	ホッサ　×ハッサク。　病気の症状が急激に起こること。～が起きる
容体(容態)	ヨーダイ　×ヨータイ。　患者の病気の具合。～が好転する
罹病	リビョー　病にかかる。コレラに～する

医療・人体

ウイルス	①ウイルス②ビールス ×ウィールス、×バイラス。　濾過性病原体。
チフス	×チブス。　チフス菌などの感染による伝染病。
バセドー病	バセドービョー　×バセドー氏ビョー。甲状腺の機能亢進によって起こる病気。（ハンセン病も同じ、氏を入れない）。
ギプス	gips(独)　×ギブス。　石膏で固めた包帯。
瞼	マブタ　眼球をおおう皮膚。〜の母（長谷川伸の戯曲）
頬	①ホー②ホホ　〜杖、〜張る、〜かむりなどはいずれもホー〜。
眉間	ミケン　眉と眉の間。〜の傷は三日月に…
耳朶	ジダ　×ジタ。　耳たぶ。〜に触れる（聞き及ぶ）
膝	ヒザ　足の中央部の関節。〜が笑う、〜を交える

脊椎	**セキツイ**　背骨。〜カリエス
上半身	**ジョーハンシン**　×カミハンシン。　からだの、腰から上の部分。
下半身	**カハンシン**　×シモハンシン。　腰から下の部分。
産毛	**ウブゲ**　×サンモー。　初毛とも書く。子どもが生まれたときから生えている毛。また、そのような柔らかく薄く生えている毛。
後毛	**オクレゲ**　×ウシロゲ。　襟足などの短くて結えない髪。〜をかき上げる
鳩尾	①**ミゾオチ**②**ミズオチ**　胸骨の下。胸の中央下にある凹んだ所、急所。
臭覚	**シューカク**　×キューカク。　放送では嗅覚（キューカク）を使う。
嗅覚	**キューカク**　×シューカク。　においを感じる感覚。〜異常

医療・人体

Section 9
仕事・職業に関する日本語 135

切羽（鉱山用語で）	キリハ　採掘場のこと。 「差し迫った困難」を表す「〜詰る」はセッパ。
坑口	コーグチ、コーコー　（鉱山用語）坑道の入り口。
後山	アトヤマ　鉱山用語。採掘した石炭などを運ぶ人。先山は採掘の手作業をする人。
冶金	ヤキン　×チキン。　金属の精錬。〜学

極印	①ゴクイン②コクイン　タガネなどで金属に刻んだ印。
窯業	ヨーギョー　焼き物（陶器、ガラス、セメント、レンガ）製造業。〜が盛んな地
毛製品	ケセーヒン　×モーセーヒン。　羊毛や毛糸などで出来た製品。
蚕糸	サンシ　生糸と絹糸。〜業
内法	ウチノリ　物の内側の寸法。枡（マス）の〜を測る。
凸版印刷	トッパンインサツ　印刷の一手法。反対語は、凹版（オーハン）、平版（ヘーハン）。〜とオフセット
老舗	シニセ、ローホ　古くから続く商店。和菓子の〜
問屋	トンヤ、トイヤ　（一般的には）卸売業者。〜価格、〜街。（江戸時代などでは）〜役＝問屋場の責任者
店屋物	テンヤモノ　店で売る飲食物。〜をとる

仕事・職業

賃貸し	チンガシ　貸し賃を取ってものを貸すこと。
賃貸	チンタイ　代金を取って貸すこと。〜マンション
大店	オーダナ　大きな店。大規模な商店。〜の御主人
代替	ダイタイ　他の物と替えること。〜地、〜物
女将	オカミ　旅館の女主人。ジョショーもある。美人の〜
互市	タガイチ　農村の物々交換市。宮城県などで行われる。鹿島台の〜
古物商	コブツショー　古道具、骨董を扱う商売。〜の鑑札
割賦販売	カップハンバイ、ワップハンバイ　経済用語なので「分割払い」などと言い換える。
型式証明	カタシキショーメイ　×ケイシキ〜。　航空機、自動車の認可型式。〜をとる

登坂	**トハン(トーハン)** 坂をのぼること。〜車線
路肩	**ロカタ** ×ロケン。 道の端で通行出来ない部分。〜が崩れる
架線	**カセン** ×ガセン。 電車の給電線。〜故障
面舵	**オモカジ** 船のへさきを右に曲げる。対義語；取り舵。〜いっぱい
櫂	**カイ** 船を進める道具。〜は三年櫓は3月
艤装	**ギソー** 進水した船に就航に必要な装備を施す。新造船の〜をする
六分儀	**ロクブンギ** 天測航法で太陽や星の位置を観測する道具。船長は〜を取り出した
埠頭	**フトー** 波止場。船着き場。
港口	**ミナトグチ** ×コーコー、×コーグチ。なるべく「港の入口（出口）」などと言い換える。バス停など固有名詞に注意。

仕事・職業

捨て小舟	ステオブネ ×ステコブネ。 乗る人もなく捨てられたままの舟。
通船	ツーセン 本船と波止場を結ぶはしけ（フェリーとはいえない）。〜で上陸
曳航	エーコー 船を別の船でひいて行くこと。タグボートで〜する
艀	ハシケ 船と陸を結ぶ小舟。〜の数も多く
伝馬船	テンマセン ×デンマセン。 荷物を運搬するはしけ船。小伝馬町はコデンマチョー。
渡し船	ワタシブネ ×ワタシセン。 渡船はトセン。
帆船	ハンセン ×ホセン。 帆に受ける風力を利用して進む船。
船主	①フナヌシ②センシュ 原則はフナヌシ。船主協会はセンシュ。船主船長（センシュセンチョー）。
手繰る	タグル ×テグル。 手で引き寄せる。

手繰舟(船)	**テグリブネ** ×タグリ〜。　手で操る舟。ほかに手繰網など。
甲板	**カンパン、コーハン**　船のデッキ。（一般的には）カンパン。コーハンと読むのは甲板員、貨車甲板など。
甲板員	**コーハンイン**　×カンパンイン。　船のデッキ作業員。〜総出で作業する
荷役	**ニヤク**　×ニエキ。　貨物を陸揚げする作業。〜作業
荷重	**カジュー**　×ニジュー。　トラックなどの荷の重さ。〜10トン
棟梁	**トーリョー**　大工のかしら。一族の頭領。大工の〜。源氏の〜（頭領、統領）
施工主	**セコーヌシ**　×シコーヌシ。　建築などで、工事の発注者。
手斧	**チョーナ（テオノ）**　大工道具の一種。木を削るときに用いる。〜で削る
砥粉	**トノコ**　×トフン。　木材の目止めに使う粉。〜を塗る

仕事・職業

普請	フシン　建築。安普請(ヤスブシン)
合板	ゴーハン　×ゴーバン。　何枚かの薄い板を木目方向が直交するように貼り合わせたもの。プライウッド。
鋼板	コーハン、コーバン　鋼鉄の板。
緑青	ロクショー　銅の緑色の錆。～が吹いた銅屋根
脚立	キャタツ　はしごに似た踏み台。～に乗って植木の手入れ
施工	セコー　×シコー。　工事を行うこと。
更地	サラチ　建物の建っていない住宅地。～にする
新地 (2通りの読みで)	サラチ、シンチ　更地。すぐ家を建てられる土地。シンチは新たに開発された土地(遊里が多い)。
廃屋	ハイオク　使わなくなったボロの小屋。～が点在する

河口堰	カコーゼキ　河口に作るダム状の堰。長良川〜
浚渫	シュンセツ　水底の泥を除くこと。湾を〜する
立米	リューベー　立方メートルと言い換える。
放流・放水	ホーリュー、ホースイ　放流…ダムの水をそのまま下流の川に流す時。放水…パイプで発電所に直結して流す時。
敷設	フセツ　×シセツ。　設備を設けること。鉄道の〜
土盛り	ツチモリ　ただし「土盛り工事」は慣用をとり、「ドモリコージ」。
盛土	モリツチ（モリド）　土を盛ること。一般用語（モリツチ）と専門用語（モリド）で違う読み。
土止め（土留め）	ドドメ　×ツチドメ。　土留めとも書く。斜面の土砂が崩れるのを防ぐ工事。
治山治水	チサンチスイ　×ジサンジスイ。　山や川の改良保全を行うこと。

仕事・職業

灌漑	カンガイ　田畑に必要な水を水路から引くこと。〜用水
堰堤	エンテー　×セキテー。　河をせき止める形の堤防。ダム。千代田〜で鮭が取れる
干拓	カンタク　×カイタク。　河口、沼などを堤防で仕切り内部の水を排除して陸地にすること。
鉱滓	コーサイ　×コーシ。　鉱滓とは金属を精錬するときに出るカスのこと。
切り通し	キリドーシ　湯島の切り通しなど。
網代	アジロ　×アミシロ。　魚をとるしかけ。伊豆の地名も。〜を建てる
投網	トアミ　×ナゲアミ。　なげ打ちする魚取りの網。鴨猟は投げ網（ナゲアミ）。〜を打つ
四つ手網	ヨツデアミ　正方形の網に対角線に竹を渡して作った漁具。
延縄	ハエナワ　長いロープに道糸を付けた漁具。所によってはノベナワの読みも。〜漁

海女	アマ　海にもぐって魚や貝を取る女性。海人、海士、白水郎とも。
荒磯	アライソ、アリソ　アライソ…荒波の打ち寄せる磯。アリソ…アライソの雅語。「かからむとかねて知りせば越の海の～の波も見せましものを」
漁り火	イサリビ　魚を誘い寄せる漁船の灯火。～が遠くに見える
板子	イタゴ　×イタコ。　舟板。～一枚下は地獄
河岸・川岸	河岸…カシ　△カワギシ。　川岸…カワギシ　カシ…川の岸。魚市場等の市場。～を変える。カワギシ…一般的な用法。
漁	ギョ、リョー　(ギョ)漁家、漁獲、漁期、漁網、漁民、入漁権、漁労長。(リョー)禁漁、出漁、大漁、密漁、不漁。(両様)休漁期、盛漁期。
漁火	ギョカ　ギョカ…魚をとるため沖の船で点す灯。漁り火(イサリビ)は「り」を送る。～が明々と灯る
漁期	ギョキ　×リョーキ。　なるべく漁業の時期などと言い換える。
休漁期	①キューギョキ②キューリョーキ　なるべく「漁業を休む(休んでいる)時期」などと言い換える。

仕事・職業

盛漁期	①セーギョキ②セーリョーキ　休漁期と同じように、「漁の盛んな時期」などと言い換える。
入漁権	ニューギョケン　なるべく「漁場にはいる権利」などと言い換える。
大漁旗	タイリョーバタ　×ダイリョーキ。但し、所によってはタイリョーキとも。
豊漁	ホーリョー　×ホーギョ。　類語・大漁。対義語；不漁。
禁漁区	キンリョーク　×キンギョク。　なるべく「漁業禁止区域」とする。「禁猟区」は昭和38年から「鳥獣保護区」「休猟区」「銃猟禁止区域」などに細分。総括的に使うことは可。
海苔篊	ノリヒビ　×ノリシビ。　海苔を養殖するため水中にたてる竹や木の枝。最近はアミヒビもあり。
束(釣り用語)	ソク　釣用語。百尾をいう。 一束…○イッソク　×ヒトタバ。
釣果	チョーカ　×ツリカ。　釣りの獲物。一般的には「収穫、えもの」とする。〜はゼロ
魚篶・魚籠	ビク　釣った魚を入れる竹のかご。〜を腰に下げ

田圃	**タンボ** 水を張った稲の耕作地。〜の畦道
田畑	**タハタ** ×デンバタ。 田畑売り払って、田畑永代売買禁止令、田畑輪換などは「デンパタ」。
地力 (2通りの読みで)	**チリョク、ジリキ** チリョク…農地理用語（その土地の作物を育てる力）。ジリキ…その人が本来持っている実力。
直播き	**ジカマキ** ×ジキマキ、×チョクハン。直播（チョクハン）は専門家は使うが言い換える。
代掻き	**シロカキ** ×ダイカキ。 農業用語。田植前にたんぼをならすこと。〜作業
苗代	**ナワシロ** ×ナエシロ。 稲の苗を育てるところ。〜で育てた苗
耕耘	**コーウン** ×コーテン。 たがやすこと。〜機
田の草取り	**タノクサトリ** ×タノ・クサトリ。「タノクサトリ」全体で一語。アクセントはトから低くなる。
陸稲	**リクトー、オカボ** 場合により両用。対義語：水稲（スイトー）。

仕事・職業

早稲(早生)	**ワセ** 早く開花結実する品種。肉体的、精神的成熟が早い人。〜を8月には収穫する
晩稲(晩生)	**オクテ** 刈り取りの遅い稲の種類。成長の遅い人。奥手とも。私は〜だから…
早乙女	**サオトメ** 田植えをする若い女性。〜姿
旱魃	**カンバツ** ひでり。〜で農民は苦労する
後作	**アトサク** ×ゴサク。（農業用語）収穫後の土地に作る作物。対義語；前作（ゼンサク）。〜に白菜を作る
二毛作	**ニモーサク** 同じ耕地で1年に2度別の農作物を栽培すること。同じ作物（主に稲）を栽培する場合は二期作。
籾	**モミ** 脱穀しない米。〜摺り歌
箕	**ミ** ×ミノ。 穀類を煽ってふるい、殻やごみを除く農具。雨具は簔（ミノ）。
稲わら	**イナワラ** ×イネワラ。 稲の籾を取り去った残りの茎葉。

稲架	**イナハサ、ハサ** ×イネハサ。 収穫した稲を乾燥させるため掛けておく柵。ハザとも。〜に掛ける
稲熱病	**イモチビョー** 稲の病気。〜が蔓延
黒星病	**クロホシビョー** ×クロボシビョー。 果樹の病気。〜と貝殻虫
灰星病	**ハイボシビョー** ×ハイホシビョー。 桃やあんずの病気。
端境期	**ハザカイキ** 古米に代わって新米が出るころ。果実野菜などの出まわらなくなる時期にも言う。
農作物	**ノーサクブツ** ×ノーサクモツ。 田畑の収穫物。畑作物はハタサクモツ。
播種	**ハシュ** 種播きなどと言い換える。
鍬	**クワ** 農耕具の一つ。土を掘り起こすのに使う。鋤〜
鋤	**スキ** 農耕具の一つ。土を耕すのに使う。〜鍬

仕事・職業

魚かす	**ウオカス、サカナカス** 魚の油を搾ったカス。肥料に用いる。
干葉(乾葉)	**ヒバ** ×カンバ、×ホシバ。 枯れた葉。大根の葉や茎を干したもの。～を作る
肥沃	**ヒヨク** 土地が肥えていること。
豊饒	**ホージョー** 豊かに実ること。
干(乾)し草	**ホシクサ（ホシグサ）** 夏の季語。
摘果	**テッカ、テキカ** 不要な実を取り去ること。～作業
実生	**ミショー** ×ミセー。 種から育った。
天日	**テンピ** ×テンビ、×テンジツ。 太陽の光と熱。～乾燥、～干し
樵夫	**キコリ** 林業従事者などと言い換える。

神代杉	**ジンダイスギ** ×シンダイスギ、×カミヨスギ。 水中・土中に埋もれて長い年月を経過した杉材。
檜(桧)	**ヒノキ** ヒノキ科の常緑高木。〜舞台
雑木	**ゾーキ** ×ザツボク。 用材にならない木。林業用語ではザツボクもある。〜で炭焼き
朽木	**クチキ** 腐った木。〜に花は咲かぬもの
槙	**マキ** 良材となる木。杉や檜など。

もっと知りたい 農作物

「農作物」は「のうさくもつ」? 「のうさくぶつ」? これは「のうさくぶつ」と読むのが一般的です。「農作物」という言葉は、「農作」と「物(ぶつ)」が合わさってできたとされていますので、「もつ」ではなく「ぶつ」なのです。他にも、「著作物＝著作＋物」「工作物＝工作＋物」などが同じ作られ方の言葉で、いずれも「ぶつ」と読みます。一方、「作物」は「さくもつ」と読みますね。そして「畑作物」は「畑」と「作物」が合わさってできたことばとされるため、「はたさくもつ」と読みます。このような紛らわしさがあるせいか、最近は「農作物」を「のうさくもつ」と読む人も増えているようです。NHK放送文化研究所の平成6年の調査では、「のうさくぶつ」と読む人が59％だったのに対し、「のうさくもつ」と読む人が40％でした。また辞書の中にも「のうさくもつ」を見出しとして掲載しているものが出てきています。このため「のうさくもつ」が明らかに間違いとは言えない状況になっているようです。ただし、今のところ放送では、本来の読み方である「のうさくぶつ」に統一することにしています。

Section 10
風習・年中行事に関する日本語
146

天邪鬼	アマノジャク ×アマノジャキ。 つむじまがり。仏教の悪鬼。
行脚	アンギャ ×ギョーキャク。（仏道修行のための）諸国遍歴。諸国〜する
安息日	アンソクジツ・アンソクニチ・アンソクビ キリスト教は宗派によってニチまたはジツ。いずれも宗派によって確認。一般的な読みはアンソクビ。
稲荷	イナリ 鎮守の神。お〜様

鷽替え	**ウソカエ** 太宰府、亀戸などの天満宮の開運行事。
有髪	**ウハツ** ×ユーハツ。 髪を剃らずに仏門にある。～の尼
産土神	**ウブスナガミ** 鎮守の神。～を祭る
盂蘭盆	**ウラボン** 陰暦7月13〜15日。現在一般には8月13〜15日。～会（うらぼんえ）
回向	**エコー** ×カイコー。 亡くなった人の弔いをすること。～する
会者定離	**エシャジョーリ** ×カイシャテーリ。 会うものは必ず別れるという仏教の教え。類語…生者必滅（ショージャヒツメツ）。
恵方	**エホー** 陰陽道でその年にめでたいとした方角。～参り
役(の)行者	**エンノギョージャ** 役の小角（エンノオズノ）。修験道（シュゲンドー）の行者の名。オズヌの読みも。
御会式	**オエシキ** 日蓮の命日10月13日に営む法会。御命講（オメイコー）、御影供（オメイク）。～で賑わう

風習・年中行事

大祓	①オーハライ ②オーハラエ　罪やけがれを祓う神事。
和尚	オショー、カショー　一般にはオショー。歴史上の僧侶を言うときは、禅宗・浄土宗はオショー。天台宗・華厳宗はカショー。読みはその都度確認。
お札 （神社などでもらう〜）	オフダ　×オサツ。　神仏の守り札。火の中に〜が次々と投げ込まれ
お神酒	オミキ　神様に捧げる酒。〜をいただく
遠忌	オンキ（エンキ）　宗祖の50年ごとの法要。13回忌以後の法要。宗派によっては「エンキ」も。
開眼法要	カイゲンホーヨー　仏像に魂を入れる儀式。カイガンという読みは、「目が見えるようになる」または「見えるようにすること」。俳優として〜する
海神 （海の神の意で）	カイジン　×カイシン。　海の神。ワダツミ参照。
海神 （海・大海の意で）	①ワダツミ ②ワタツミ　海・大海。または、海の神の意も。
月光菩薩	ガッコーボサツ　×ゲッコー〜。　薬師如来の脇侍。〜と日光菩薩

貫主・貫首	**カンジュ、カンシュ、カンズ、カンス** 仏教寺院の本山、別格本山、由緒寺院の住職。それぞれの寺院の読みに従う。
灌仏会	**カンブツエ** ×カンブツカイ。 花祭り、仏像に甘茶をかける。〜供養
願文	**ガンモン** ×ガンブン。 ①神仏の本願を記した文 ②神仏への願いを記した文。〜を奉納する
帰依	**キエ** ×キイ。 仏に従い頼ること。
鬼子母神	**キシモジン、キシボジン** 仏教で、安産と幼児保護の神。
供花 (2通りの読みで)	**キョーカ、クゲ** (一般的には)キョーカ…神や死者に花をそなえること。(仏教用語)…クゲ。〜焼香
教皇	**キョーコー** ×キョーオー。 ローマ法王のカトリックにおける正式名称。〜と国王
享年	**キョーネン** 生存していた年数。天から受けた年の意。〜89 (〜89歳は×)
求道	**グドー** 主に仏教。真理を求める。

風習・年中行事

功徳	クドク　現世来世に福をもたらす善行。〜を積む
供物	クモツ　神仏への供え物。仏の〜
供養	クヨー　×キョーヨー。　死者の霊、または三宝（仏法僧）に供物を捧げること。
庫裏(庫裡)	クリ　×コリ。　寺の住職や家族が住む部分。〜に回ってください
敬虔	ケーケン　敬い慎むこと。〜な祈り
啓示	ケージ　人智を越え神が表し示すこと。
境内	ケーダイ　×ケーナイ。　寺社の敷地。寺の〜を掃き清める
外宮	ゲクー　×ガイクー、×ゲグー。　伊勢神宮の豊受大神宮のこと。内宮（ナイクー）と〜
解脱	ゲダツ　俗世界から解放され悟りの境地に達する。煩悩を〜する

外道	ゲドー　×ガイドー。　仏道の修行を妨げるもの。釣りで狙った以外の釣果。人をののしることば。
現世	①ゲンセ②ゲンゼ　現在の世の中。この世。
還俗	ゲンゾク　×カンゾク。　僧籍から俗人に還る。〜して髪を伸ばす
劫火	ゴーカ（コーカ）　世界を焼く大火。大火事は〜のようだ
香華	コーゲ　仏前に具える花と香。〜を供える
御開帳	ゴカイチョー　特別公開（秘仏、本尊など）。〜の人出
古刹	コサツ　×コセツ。　古い、由緒のある寺。名刹〜
居士	コジ　×キョシ。　男の戒名の下に付く。女は大姉（ダイシ）。
ご神火	ゴジンカ　×ゴシンカ。　火山を神聖視してその噴火をいう。

風習・年中行事

| 御来迎 | ゴライゴー　仏や菩薩が極楽浄土へ迎えてくれること。〜の光 |

| 御利益 | ゴリヤク　×ゴリエキ。　神仏の力により授かる福利。 |

| 勤行 | ゴンギョー　×キンコー。　仏前で時間を決めて読経すること。住職は朝の〜中です |

| 金堂 | コンドー　×キンドー。　本尊を安置する仏殿。 |

| 建立（寺社を〜する） | コンリュー　×ケンリュー、×ケンリツ。寺院などを建てる。（一般はケンリツもあるが注意）。この寺の〜は三百年前 |

| 再建（神社仏閣を〜） | サイコン　×サイケン。　再び建てること。個別の建物を建て直す場合はサイケンも。 |

| 斎戒沐浴 | サイカイモクヨク　×リンヨク。　神仏に祈るのに先立ち水を浴び清め、行いを慎むこと。 |

| 祭祀 | サイシ　×サイキ。　信仰上の儀式。〜相続 |

| 西方（3通りの読みで） | サイホー、セイホー、ニシガタ　×ニシカタ。　西の方角。サイホー…（仏教用語）〜浄土。セイホー…（一般）。ニシガタ…（相撲用語）。 |

三界	**サンガイ** ×サンカイ。 仏教で欲界、色界、無色界（衆生が生死を繰り返す三迷界）全世界。
散華	**サンゲ** 花をまく法要。〜の法要
三途の川	**サンズノカワ** ×サントノカワ。 冥土への途中にあるといわれる川。〜を渡る
賛美歌と聖歌	**サンピカトセイカ** 教派によって使い分ける。プロテスタント（新教系）は賛美歌。カトリック、聖公会は聖歌。
三位一体	**サンミイッタイ** 神と子（キリスト）と聖霊は元来一体のものとする考え方。そこから、3つのものがひとつになることの意も。
只管打座	**シカンタザ** ×シカンダザ。 むやみに悟りを求めずひたすら座禅をすること。
四十九日	**シジュークニチ** ×ヨンジューキュー。死んでから49日。七七日（シチシチニチ）。〜の法要
七堂伽藍	**シチドーガラン** ×ナナドーガラン。 寺の主要な建物(塔、金堂〈コンドー〉、講堂、鐘楼、経蔵、僧坊、食堂〈ジキドー〉)。
七福神	**シチフクジン** ×ナナフクジン。 毘沙門天、弁財天、福禄寿、寿老人、布袋（ホテイ）、蛭子（エビス）、大黒天。

風習・年中行事

四天王	シテンノー ×シテンオー。 仏教護法の四神。東・持国天、西・広目天、北・多聞(タモン)天、南・増長(ゾージョー)天。
四万六千日	シマンロクセンニチ 縁日。この日参詣すると4万6000日分の御利益があるとされる。〜の縁日
七五三縄・注連縄	シメナワ 神域を聖別するための印の縄。〜を張って
沙門	シャモン 出家の総称。〜総代
修祓	シューフツ、シューバツ 神社でお祓いすること。〜料
修験者	シュゲンジャ 修験道の修行をする人。
衆生	シュジョー 仏教用語。一切の生物。縁無き衆生
数珠	ジュズ 仏教の祈りに使う道具。〜を爪繰(ツマグ)る、〜つなぎ
撞木	シュモク 鐘をつく棒。〜鮫

聖観音	ショーカンノン　観音菩薩の本来の姿。～さま
成仏	ジョーブツ　死んで仏になる。これで～できるだろう
正法眼蔵	ショーボーゲンゾー　法語集。道元の主著。
声明 （仏教用語として）	ショーミョー　法会などで僧が経文を朗唱する声楽。
精霊送り	ショーリョーオクリ　×セーレー。　長崎ではショーローナガシ。
初七日	①ショナヌカ、ショナノカ②ショシチニチ　人の死後七日目の日（の法事）。
白酒黒酒	シロキクロキ　×ハクシュコクシュ。　神前に供える一対の酒。～を供え
信心深い	シンジンブカイ　×シンシン～。　神や仏の力を深く信じる気持ちが強い。
神道	シントー　×シンドー。　日本固有の宗教。日本固有の～

風習・年中行事

神馬	①シンメ②ジンメ　×シンマ、×ジンバ。神に仕える馬。神社に奉納した馬。〜に献上
枢機卿	スーキキョー　×スーキケー。　カトリックの高位の僧。〜会議
宿世	スクセ、シュクセ、スグセ　仏教で言う過去の世のこと。
千社札	センジャフダ　×センシャフダ。　千の社殿を参詣する願を立てその印に貼る、名前を書いた札。
千手観音	センジュカンノン　×センテカンノン。六観音の一つ。限り無い慈悲で人を救う観音。
曹洞宗	ソートーシュー　×ソードーシュー。　仏教・禅宗の一派。〜の僧侶
大願成就	タイガンジョージュ　願が遂げられたこと。古くはダイガン。〜の結縁
大姉	ダイシ　×オオアネ。　女性の戒名の下に添える語。男性は居士（コジ）。
帝釈天	タイシャクテン　仏教守護の神の一つ。柴又が有名。柴又の〜

大麻 (神道の用語として)	**タイマ** 伊勢の神宮、諸神社から授与するおふだ。マリファナの大麻も同じ読み。
塔頭	**タッチュー** ×トートー、×タットー。一山内にある小寺。高僧の墓の傍の小寺。
玉串	**タマグシ** 神前に供えるさかき。～をささげる
手向け	**タムケ** ×テムケ。 神仏に物を供える。線香の一本も～てくれ
他力本願	**タリキホンガン** ①弥陀の本願 ②もっぱら人の力をあてにすること（俗用）。 注意：②の意味で使わない方がよい。～ではいけない。（誤用例）
通夜	**ツヤ** ×ツーヤ。 葬儀の前の夜伽。～をとり行う
天界 (2通りの読みで)	**テンカイ、テンガイ** （一般的に）テンカイ…天上の世界の意。（仏教用語では）テンガイという読みをとることも。意味は要確認。
天上天下 唯我独尊	**テンジョーテンゲユイガドクソン** △テンジョーテンガ～。 この世界で我より尊いものはないという意味。釈迦が誕生のとき唱えたとされる語。
同行二人	**ドーギョーニニン** ×ドーコーフタリ。お遍路で弘法様と一緒の意。

風習・年中行事

道祖神	ドーソジン ×ドーソシン、×ドーソガミ。塞神（サイノカミ）。道や村などにまつられ、悪霊の侵入を防ぎ安全を守る神。
読経	ドキョー ×ドッキョー。声を出してお経を読むこと。～の声
松焚祭	ドントサイ（ドンドサイ）　小正月の行事。火をたいて無病息災を祈る。マツタキマツリとも。
内宮	ナイクー　伊勢神宮の伊勢皇大神宮のこと。～と外宮（ゲクー）
納所	ナッショ　寺院で会計をあずかるところ。～坊主
肉食妻帯	ニクジキサイタイ ×ニクショク～。仏教用語。戒律で禁じられているが真宗、修験道では認められている。
入魂式	ニューコンシキ ×ジッコンシキ。仏像などに魂を入れる式典。
女人禁制	ニョニンキンゼー　僧の修行の妨げになる女子の入山を禁ずる。禁制だけの場合はキンセー。一山～の地
禰宜	ネギ　神社の神主の下。はふり（祝）の上の神官。

涅槃	ネハン　仏陀の入滅。涅槃会（2/15の釈迦の命日の法会）。～の境地
念珠	ネンジュ、ネンズ　数珠（ジュズ）
祝詞 (2通りの読みで)	ノリト、シュクシ　ノリト…神主が奏上する文章。シュクシ…祝いのことばの意味のとき。祝辞はシュクジ。
方舟	ハコブネ　四角く作った船。ノアの～
○○柱	○○ハシラ　×○○チュー。　遺骨の助数詞（神道系の色彩が強いことに留意）。三十六～の遺骨
八十八か所	ハチジューハッカショ　×～ハチカショ。四国遍路の巡礼か所。～巡り
初盆	ハツボン　×ショボン。　人が死んで初めて迎える盂蘭盆。
般若心経	ハンニャシンギョー　×～シンケー、×～シンキョー。　大乗仏教の経典の一つ。空の諦を述べる。～を唱える
比丘	ビク　修行僧。（誤って）比丘尼のこと。

風習・年中行事

人身御供	ヒトミゴクー ×ジンシンゴクー。 神に供える人間のいけにえ。～にされる
福音	フクイン 喜ばしい知らせ。キリスト教で救いの教え。～を伝道
不空羂索観音	フクーケンジャクカンノン、フクーケンサク～。 東大寺二月堂が有名。寺院によって読み方が違うので要確認。
布施	フセ 僧に施す金品。お布施
不犯	フボン ×フハン。 仏教の戒律。特に邪淫戒を守ること。～の誓い
遍路	ヘンロ 四国の弘法大師の霊場八十八か所を巡ること。お～さん
法会	ホーエ ×ホーカイ。 法事。僧侶の説教大会。死者を供養するための集会。～に参集した善男善女
宝物集	ホーブツシュー 仏教用語。一般読みはタカラモノ、ホーモツ。
法名	ホーミョー ×ホーメイ。 受戒して僧や俗信徒になった者に与えられる仏教徒としての名前。死んでから付けられる名前。戒名。対義語；俗名。

法華	ホッケ　法華経の略、法華宗の略。〜三昧の暮し
布袋	ホテイ　中国・唐末・後梁（コーリョウ）の禅僧。日本では七福神の一人として親しまれてきた。
煩悩	ボンノー　人間の心を乱すもの。
呪禁	マジナイ、ジュゴン、ズゴン　人をのろう呪術。禁厭（キンヨー）、符呪（フジュ）とも。〜を禁じる
万燈会	マンドーエ　×マントーエ。　仏に万燈を捧げる祭。池上本門寺はマントーエ。地域・宗派によって違う。〜の提灯の列
神輿	ミコシ　×シンヨ。　祭礼でかつぐ神霊が乗る輿（コシ）。数え方は「丁（チョー）」「基（キ）」。
御手洗（神社境内にある施設）	ミタラシ　神社の前にある手洗場所。オテアライ(便所)。ミタライ(人名)。〜を拝借。〜だんご
冥利	ミョーリ　知らず知らずのうちに神仏から受ける利益。男〜につきる
弥勒	ミロク　弥勒菩薩。釈迦入滅後56億7000万年後に出現し衆生を救うとされる。〜信仰

風習・年中行事

黙示録	**モクシロク** ×モクジロク。 人間の未来を暗喩で綴った書。ヨハネの〜、〜の四騎士
八百万（の神）	**ヤオヨロズ** 数限りないという意味。〜の神々
遊行	**ユギョー** ×ユーギョー。 僧侶が修行で旅をすること。
黄泉路	**ヨミジ** あの世への道のり。〜の人になる、〜の障り（成仏の妨げ）
礼拝（仏教）	**ライハイ** 仏を拝むこと。〜する
礼拝（キリスト教など）	**レーハイ** 神を拝むこと。仏教はライハイ。〜する
霊験	**レーゲン（レーケン）** 神仏の通力にあらわれる不思議なしるし。〜あらたか

Section 11
日本史に関する日本語 68

飛鳥時代	アスカジダイ　6世紀後半から7世紀前半。〜は推古朝が中心
斑鳩（2通りの読みで）	イカル、イカルガ　イカル…雀よりやや大きい鳥。　イカルガ…地名（奈良）。
夷狄	イテキ　未開人。南蛮鴃舌（ナンバンゲキゼツ）は未開の人の話すことばの意。
初陣	ウイジン　初めて戦場に出ること。〜を飾る

黄土	オード（コード）　中国北部、北米、欧州中部に見られる細かい黄色の土。「～色」はオードイロ。～地帯
落人	オチウド、オチュード　戦いに負け、人目を避けて逃げていく人。
隠田	オンデン　かくし田。地名もあり。
陰陽師	オンミョージ、オンヨージ　×インヨーシ。加持祈禱をする人。～を依頼する
介錯	カイシャク　付き添い。切腹の際首をはねること。切腹の～
華押（花押）	カオー　書き判、筆で書く造形的サイン。～のある書状
宮址	○○キューシ、○○ミヤ(ノ)アト　それぞれの慣用による。
京洛	①キョーラク②ケーラク　みやこ。京都。
居留地	キョリューチ　×イリューチ。　条約などに基づき外国人の居住・営業を特別に認めた地域。

公達	**キンダチ** 上流貴族の子弟。平家の〜
欽定	**キンテー** 王が定めたこと。
百済	**クダラ、ヒャクサイ** 古代朝鮮の国名。「ヒャクサイ」を使う場合は誤解されないように説明をつけた方がよい。
元治	**ゲンジ** ×ガンジ。 慶応の前の年号。
玄武	**ゲンブ** 水の神。亀に蛇が巻き付く形。北方守護神。〜と朱雀
小天守	**コテンシュ、ショーテンシュ** 専門家はコテンシュが多い。姫路城、松山城などが有名。
西域 (2通りの読み方で)	**サイイキ、セイイキ** サイイキ…歴史的な言い方。 セイイキ…中国西方の地域。
采配	**サイハイ** さしず、指揮のための道具。〜をふる
鞘	**サヤ** 刀を保護する入れ物。〜絵

日本史

刺客	シカク ×シキャク。 暗殺者。～を放つ
直参	ジキサン ×チョクサン。 将軍お目見えの御家人旗本。～侍
四十七士	シジューシチシ 浅野の家臣の仇討ち組。赤穂浪士。～の忠義
松下村塾	ショーカソンジュク ×マツシタソンジュク。 長州萩にあった吉田松陰が作った私塾。～で学んだ逸材
白鞘	シラサヤ ×シロザヤ。 白木で作ったさや。～の短刀
白旗	シラハタ、シロハタ 白地の旗。降伏の印。源氏の旗の意味では、読みはシラハタ。
楔形文字	①セッケーモジ②セッケーモンジ ×キッケー～、×ケッケー～。 メソポタミアの文字。クサビガタモジとも。～研究
千石船	センゴクブネ ×センセキセン。 米千石を積載できるほどの大型の和船。
陝西省	センセーショー ×キョーセーショー。 唐の都、長安があったところ。

雑兵	ゾーヒョー　地位の低い兵隊、役に立たない者。〜に至るまで
二・二六事件	ニー・ニーロク・ジケン　×ニーテンニーロク〜。　1936年2月26日、陸軍青年将校によるクーデター事件。表記×2.26事件。
五・一五事件	ゴー・イチゴー・ジケン　×ゴーテンイチゴージケン　1932年5月15日、海軍青年将校によるクーデター事件。犬養毅首相を射殺。表記×5.15事件。
大逆事件	タイギャクジケン、ダイギャクジケン　明治天皇暗殺を計画したとして、幸徳秋水ら社会主義者たちが処刑された事件。
大審院	タイシンイン　×ダイシンイン。　当時（旧憲法下）の司法裁判所。
大塔宮	ダイトーノミヤ　但し浄瑠璃ではオートーノミヤも。護良親王（モリナガ、モリヨシ）の通称。
天智天皇	テンジテンノー　×テンチテンノー。　白鳳時代の天皇。〜と天武天皇
土方歳三	ヒジカタトシゾー　×サイゾー。　（人名）新選組副長。
三浦安針（按針）	ミウラアンジン　×〜アンシン。　（人名）ウイリアム・アダムズ。日本に渡来した最初のイギリス人。徳川家康に仕えた。

日本史

大夫（4通りの読み方で）	タイフ、ダイブ、タユー、ダユー　タイフ…大名の家老など。ダイブ…「東宮大夫」。タユー・ダユー…女形の敬称、最高位の遊女など。場面により要確認。
竹光	タケミツ　竹で作った模擬刀。〜を使う
太政大臣	ダジョーダイジン、ダイジョー〜　太政官の長官。天子の師範。関白〜
奠都	テント　都を定めること。
天文(年号)	①テンブン②テンモン　西暦1532〜1555年。
登城	トジョー　×トージョー。　城にあがる。かごで〜する
刃傷	ニンジョー　刃物で人を切ること。刃傷沙汰
年貢	ネング　土地の租税。小作料。〜の納めどき
八百八町（お江戸〜）	ハッピャクヤチョウ　×ハッピャクハッチョウ。　江戸市中に町の数が多いことをいう。

埴輪	ハニワ　素焼きの遺物。～を発掘
八幡船	バハンセン　×ハチマンセン。　倭寇の乗った船。～に乗った和寇
判官	ハンガン、ホーガン　武士の役職の一種、裁判官ではない。「九郎～」や「～贔屓」はホーガン
版図	ハント　×ハンズ。　戸籍と地図。一国の領土。～を広げる
百姓治田	ヒャクセーチデン　×ヒャクショーチデン。古代の人民が自力で開墾した田。
評定	ヒョージョー、ヒョーテー　ヒョージョー…集まって相談して決めること。小田原評定。ヒョーテー…基準に照らして評価を決める。勤務～
扶持	フチ　助けること。武士の給与の一種。～米。三人～
風土記	フドキ　×フードキ。　713年元明天皇の命により諸国で作られた官撰地誌。一般の地方を誌した書物。
平城遷都	ヘイジョウセント　×ヘイセイセント。元明天皇の710年に藤原京から、平城京(現在の奈良市から大和郡山市の地)に都を移したこと。

日本史

封ずる(大名に〜)	ホーズル ×フーズル。 領地を与え領主に取り立てる。薩摩の守に〜
謀反	ムホン 主に背いて兵を挙げること。謀叛（国家への反逆・八逆の一）とも。〜の企て
与力	ヨリキ （江戸時代）奉行の下、同心を指揮。北町奉行所の〜
万朝報	ヨロズチョーホー 明治期の新聞の名前（マンチョーホーという人もいるので注意）。黒岩涙香、幸徳秋水、内村鑑三らが参加。
乱世	ランセー △ランセ。 乱れた世の中、下克上の世界。対義語；治世。〜に英雄あり
流罪	ルザイ ×リューザイ。 遠くに送る刑。頼朝は伊豆へ〜となった
老中	ロージュー ×ローチュー。 江戸幕府の役職名。将軍直属の政務全般を統括した最高職。
良弁(上人・杉)	ローベン 奈良時代の僧。聖武天皇の東大寺建立に協力。初代別当。
御影堂	ミエードー 宗祖などの御影を安置する堂。真宗本願寺派（西本願寺）はゴエードー。そのつど確認すること。

女王

ジョオー ×ジョーオー。「女王様」も「ジョーオーサマ」ではなく、「ジョオーサマ」。

もっと知りたい 女王

「女王」をみなさんはどのように読みますか。正しい発音は、長音「ー」を使って表すと「ジョオー」。振り仮名で書くと「じょおう」ですよね。しかし、たまに「ジョーオー(じょうおう)」という発音を耳にします。本人は意識しているかどうかわかりませんが、「ジョ」が「ジョー」に伸びているのです。また、辞書には「じょおう」しか載っていませんが、パソコンでは「じょうおう」と書いても変換できるものもあります。

では、どうして「ジョーオー」と伸ばして発音する人がいるのでしょう。一説には、2拍の音は安定するからだといわれています。

例えば、十二支の「子丑寅卯……」を数え上げるときに、「ネー、ウシ、トラ、ウー……」と言いませんか? 1拍の「ネ」ではなく2拍の「ネー」と言ってしまいますよね。2拍にすることで、リズムが整って発音しやすくなりますね。

同様に、漢字二文字からなる音読みの言葉にも、文字通りの読み方をしないものがあります。例えば「夫婦」。一文字ずつ読むと、「フ」と「フ」で、「フフ」ですよね。しかし「フーフ」という発音が定着しています。このようにもともと1拍の発音が2拍に伸びている例として、他にも、「詩歌」(「シ」「カ」→「シーカ」)、「女房」(「ニョ」「ボー」→「ニョーボー」)、「披露」(「ヒ」「ロ」→「ヒロー」) などがあります。これらも2拍にすることで発音しやすくなるようです。

このことから考えると、無意識のうちに「ジョーオー」を使う人が将来的には増えてくる可能性もないとは言えないようです。みなさんは大丈夫ですか?

Section 12
動物・植物に関する日本語
67

馬酔木	**アセビ、アシビ** アセビ…ツツジ科の低木。アシビ…俳句雑誌の誌名。
藺草	**イグサ** イグサ科の多年草。畳表や筵の材料。〜で畳表を作る
虎杖	**イタドリ** タデ科の多年草。たばこの代用。漢方薬。〜の花は白い
公孫樹、銀杏、鴨脚樹	**イチョー** 中国原産の太古から存在する植物の一種。実は同じ「銀杏」と書いてギンナン。〜の実は銀杏

車前草	**オーバコ** オオバコ科の多年草。〜の花は白い
万年青	**オモト** ユリ科の多年草。〜の盆栽
楓	**カエデ** カエデ科。多くは紅葉する。襲（カサネ）の色目で裏表とも萌葱（モエギ）のもの。
花卉	**カキ** 花の咲く草。卉は多くの草の意。〜市場
落葉松	**カラマツ** ×ラクヨーマツ。 落葉する松。〜林
灌木	**カンボク** 背の低い木。〜の繁み
桔梗	**キキョー** 秋の草花。昔はアサガオとも呼んだ。〜は青い花です
木の葉 (2通りの読みの使い分け)	**キノハ、コノハ** キノハ…「木」の「葉」と二語としてとらえて読む場合。コノハ…一語としてとらえて読む場合。〜のように揺れる
木の実 (2通りの読みの使い分け)	**キノミ、コノミ** 使い分けは同上。

動物・植物

擬宝珠	**ギボシ** 橋の欄干の飾り。葱の花。
金明竹	**キンメーチク** ×キンミョーチク。 落語の演題は「錦明竹」とも書く。篠川の～
梔子	**クチナシ** アカネ科の常緑木、果実は黄色染料。
欅	**ケヤキ** 武蔵野や仙台市で有名な木。船箪笥は～で作る
苔	**コケ** コケ植物、地衣類・シダ類、ごく小さな種子植物などの総称。～蒸す古寺
枯死	**コシ** 草木が枯れてしまうこと。
梢	**コズエ** 木の先の枝。～を渡る風
百日紅	**サルスベリ** 猿滑の漢名。ヒャクジツコーとも。
羊歯	**シダ** ×ヨーシ。 隠花植物。～の繁る密林

菖蒲	ショーブ、アヤメ　邪気を祓う物とし、端午の節句に屋根に飾った。三月桜、五月は〜
白梅	シラウメ、ハクバイ　湯島のシラウメ。〜紅梅（ハクバイコーバイ）
沈丁花	ジンチョーゲ　×チンチョーゲ。　香りのよい花木。〜の香り
藻類	ソールイ　×モルイ。　水中生活の原始的な植物の類。緑〜
磯馴松	ソナレマツ　×イソナレマツ。　海岸付近で風のためなびいている松。〜を眺める
泰山木	タイサンボク　×タイザンボク。　庭木などに使われる木。モクレン科。
大輪	タイリン　大きな花。〜の菊
土筆	ツクシ　杉菜の子ども。
接骨木	ニワトコ　スイカズラ科の薬用植物。〜を煎じる

| 合歓 | ネム　マメ科の落葉高木。〜の里音楽祭 |

| 這松 | ハイマツ　×ハエマツ。　枝振りが地を這っているように見える松。 |

| 浜木綿 | ハマユー　海岸砂地に自生するヒガンバナ科の常緑多年草。ハマオモト。 |

| 万朶 | バンダ　×マンダ。　花のついた多くの枝。〜の桜 |

| 柊 | ヒーラギ　門柱に挿し悪魔払いをする。〜の葉を門に挿す |

| 向日葵 | ヒマワリ　太陽の方を向いて咲く黄色い花。〜のような娘 |

| 糸瓜 | ヘチマ　×イトウリ。　たわしや化粧水を作るウリ科の植物。 |

| 孟宗竹 | モーソーチク(モーソーダケ)　竹の種類、太く、タケノコは食用。〜の林 |

| 樅 | モミ　クリスマスに使う木。〜の木は残った |

藪	**ヤブ** 下草などの茂み。〜をつついて蛇を出す
蓬	**ヨモギ** もぐさの原料、草餅の原料。艾とも。〜で草餅を作る
藁	**ワラ** 稲や麦の茎。〜しべ長者
秋蚕	**アキゴ** 秋にとれるかいこ。初秋蚕はショシューサン。
秋田犬	**アキタイヌ** △アキタケン。 秋田産の日本犬の一種。〜と紀州犬（キシューケン）
海豹	**アザラシ** ×カイヒョー。 耳介(外耳の一部。耳の入り口に突き出た貝殻状の器官)が無い点でアシカと区別される。
家鴨	**アヒル** ×イエガモ。 マガモの飼養品種。〜で作る北京ダック
信天翁	**アホードリ** 大型の海鳥。特別天然記念物。〜を保護する
蝗	**イナゴ** 飛蝗（ひこう＝バッタが大群で一斉に飛行しながら移動すること。その群れ）は、作物を全滅させる。〜の佃煮

動物・植物

鵜	ウ 水鳥。ウミウ、カワウ、ヒメウなど、鵜飼に使うのはカワウ。～飼い
雄牛	オウシ ×オギュー 雄の牛。
蝸牛	カタツムリ かたつむり。蝸牛角上の争い（カギューカクジョーノ～）は小さな世界でつまらないことを争っている例え。～の歩み
甲虫	カブトムシ 甲虫（コーチュー）類の一つ。クヌギの木に～が集まる。兜虫とも。
鴎	カモメ カモメ科の鳥の総称。日本には冬鳥として渡来。
雁	ガン、カリ カモ科の渡り鳥で、比較的大型の鳥の総称。
水鶏	クイナ ×ミズドリ。 冬に渡ってくる、湿地や水田で見られる鳥。鳴き声が「叩く」と表現されるのはヒクイナ。
黄金虫	コガネムシ 甲虫の一種。～は金持ちだ
雑魚	ザコ ×ザツギョ。 様々な小魚。とるに足らないもの。小物。

| 四十雀 | シジューカラ　スズメ目の小鳥。 |

| 十姉妹 | ジューシマツ　愛玩用の鳥。 |

| 朱鷺 | トキ　学名ニッポニア・ニッポン。 |

| 雲雀 | ヒバリ　空高く上がってさえずる鳥。～揚げ |

| 不如帰 | ホトトギス　野鳥の一つ、鳴き声はテッペンカケタカと聞こえる。子規、蜀魂、杜宇、杜鵑、時鳥とも。～の鳴き声 |

| 水鳥 | ①ミズトリ②ミズドリ　水辺にすむ鳥。 |

| 百足 | ムカデ　蜈蚣とも。～海苔、～船 |

| 椋鳥 | ムクドリ　渡り鳥の一種。江戸時代の季節労働者もいう。 |

| 土竜 | モグラ　ネズミに似て地中で暮らす動物。～のトンネル |

動物・植物

難読の植物〈ふろく〉

あ行		公孫樹、銀杏	いちょう
葵	あおい	蕁麻、刺(蕁)草	いらくさ
梧、梧桐	あおぎり	茴香	ういきょう
茜	あかね	五加、五加木	うこぎ
木通、通草	あけび	卯木	うつぎ
薊	あざみ	独活	うど
葭、葦、芦、蘆	あし	優曇華	うどんげ
紫陽花	あじさい	姥目樫(橿)	うばめがし
馬酔木	あしび、あせび	梅、楳	うめ
小豆	あずき	裏白	うらじろ
梓	あずさ	瓜	うり
翌檜	あすなろ	温州蜜柑	うんしゅうみかん
菖蒲	あやめ、しょうぶ	榎	えのき
粟	あわ	狗尾草、狗児草	えのころぐさ
杏、杏子	あんず	槐	えんじゅ
藺草	いぐさ	豌豆	えんどう
柞	いす、ゆす	楝、樗	おうち
虎杖	いたどり	大犬(の)陰嚢	おおいぬのふぐり
苺	いちご	車前草	おおばこ
無花果	いちじく	荻	おぎ

苧環	おだまき	落葉松(唐松)	からまつ
弟切草	おとぎりそう	苧麻	からむし、ちょま
女郎花	おみなえし	花梨、果李、花櫚	かりん
沢瀉、面高	おもだか	甘藷	かんしょ
万年青	おもと	橄欖	かんらん
か行		甘藍	かんらん(キャベツ)
海棠	かいどう	桔梗	ききょう
楓	かえで	伽羅	きゃら
柿	かき	胡瓜	きゅうり
燕子花、杜若	かきつばた	夾竹桃	きょうちくとう
樫、橿、櫧、櫲	かし	桐	きり
梶	かじ	金盞花	きんせんか
柏、槲、檞	かしわ	銀杏	ぎんなん
栢	かしわの俗字	金鳳花	きんぽうげ
酢(酸)漿草	かたばみ	金木犀	きんもくせい
桂	かつら	枸杞	くこ
椛、樺	かば	樟、楠	くす
蕪	かぶ	葛	くず
南瓜	かぼちゃ	梔子、山梔子	くちなし
蒲、香蒲	がま	櫟、橡、椚、櫪、楢	くぬぎ
榧	かや	茱萸	ぐみ
枸橘、枳殻、枳	からたち	栗	くり

動物・植物

胡桃	くるみ	泊夫藍	さふらん
榑	くれ（板材のこと）	仙人掌、覇王樹	さぼてん
桑	くわ	沙羅双樹	さらそうじゅ
慈姑	くわい	百日紅	さるすべり
罌粟、芥子	けし	椹	さわら
欅	けやき	山樝子	さんざし
楮	こうぞ	山茱萸	さんしゅゆ
河骨	こうほね	山椒	さんしょ、さんしょう
苔	こけ	椎	しい
秋桜	こすもす	紫苑	しおん
辛夷	こぶし	樒、梻	しきみ
牛蒡	ごぼう	紫蘇	しそ
胡麻	ごま	羊歯	しだ
蒟蒻	こんにゃく	自然薯	じねんじょ
さ行		占地、湿地	しめじ（茸）
梍、皁莢	さいかち	馬鈴薯	じゃがいも、ばれいしょ
榊	さかき	石楠花	しゃくなげ
鷺草	さぎそう	芍薬	しゃくやく
桜、櫻	さくら	秋海棠	しゅうかいどう
柘榴	ざくろ	棕櫚	しゅろ
笹	ささ	蓴菜	じゅんさい
山茶花	さざんか	生薑・生姜	しょうが

沈丁花	じんちょうげ	橙	だいだい
西瓜	すいか	筍	たけのこ
忍冬	すいかずら	橘	たちばな
水仙	すいせん	蓼	たで
睡蓮	すいれん	椨	たぶ
酸模	すかんぽ	蒲公英	たんぽぽ
杉、椙	すぎ	茅	ちがや
酸塊	すぐり	栂	つが、とが
菅	すげ	土筆	つくし
篠懸	すずかけ	柘植	つげ
芒、薄	すすき	蔦	つた
鈴蘭	すずらん	躑躅	つつじ
酢橘	すだち	椿	つばき
菫	すみれ	蔓紫	つるむらさき
李	すもも	籐	とう
芹	せり	蕃椒、唐辛子	とうがらし
栴檀	せんだん	冬瓜	とうがん
薇、紫萁	ぜんまい	玉蜀黍	とうもろこし
蘇鉄	そてつ	木賊	とくさ
蕎麦	そば	野老	ところ
た行		橡、栃、杼	とち
泰山木	たいさんぼく	杤	とちの俗字

動物　植物

椴松	とどまつ	葱	ねぎ
蕃茄	ばんか(とまと)	合歓	ねむ
鳥兜	とりかぶと	楉	ねむのき
薯蕷	とろろ	凌霄花	のうぜんかずら
黄蜀葵	とろろあおい	**は行**	
団栗	どんぐり	鳳梨	ぱいなっぷる
な行		萩	はぎ
梛	なぎ	繁縷	はこべ
梨	なし	榛、榛の木	はしばみ、はんのき
茄子	なす	蓮	はす
薺	なずな	櫨	はぜ
鉈豆、刀豆	なたまめ	和蘭芹	おらんだぜり(パセリ)
棗	なつめ	薄荷	はっか
撫子	なでしこ	八朔	はっさく
七竈	ななかまど	箒木	ははきぎ、ほうきぐさ
楢	なら	浜木綿	はまゆう
韮	にら	薔薇	ばら
楡	にれ	橙	はんのき
接骨木	にわとこ	柊	ひいらぎ
人参	にんじん	稗	ひえ
大蒜、葫	にんにく	楸	ひさぎ
白膠木	ぬるで	菱	ひし

雛罌粟	ひなげし	槙	まき
桧	ひのきの簡易慣用字体	木天蓼	またたび
檜	ひのきの正字	松	まつ
向日葵	ひまわり	檀	まゆみ
姫女苑	ひめじょおん	蜜柑、檸	みかん
白檀	びゃくだん	三椏、椏	みつまた
瓢箪	ひょうたん	茗荷	みょうが
枇杷	びわ	椋	むく
檳榔樹	びんろうじゅ	木槿、槿	むくげ
蕗	ふき	葎	むぐら
葡萄	ぶどう	毛氈苔	もうせんごけ
山毛欅	ぶな	木犀	もくせい
芙蓉	ふよう	黐の木	もちのき
糸瓜	へちま	木斛	もっこく
鳳仙花	ほうせんか	樅	もみ
菠薐草	ほうれんそう	桃	もも
朴	ほお	や行	
鬼灯、酸漿	ほおずき	八重葎	やえむぐら
木瓜	ぼけ	椰子	やし
牡丹	ぼたん	寄生木	やどりぎ
椪柑	ぽんかん	柳、楊	やなぎ
ま行		籔柑子	やぶこうじ

動物・植物

梗	やまにれ
鴨足草	ゆきのした
柚子	ゆず
百合	ゆり
蓬	よもぎ
ら行	
蘭	らん
竜舌蘭	りゅうぜつらん
林檎	りんご
竜胆	りんどう
茘枝	れいし
萵苣	れたす、ちしゃ
檸檬	れもん
連翹	れんぎょう
紫雲英	れんげ
わ行	
分葱	わけぎ
山葵	わさび
勿忘草	わすれなぐさ
蕨	わらび
吾亦紅、吾木香	われもこう

難読の魚・貝・海藻類〈ふろく〉

あ行		潤目鰯	うるめいわし
愛魚女、鮎魚女	あいなめ	鱗	うろこ
浅蜊、蛤仔、鯏	あさり	鱏	えい
鯵	あじ	鱛	えそ、なます
鮎、香魚、年魚	あゆ	鰕、海老	えび
鮑、鰒	あわび	鰓	えら
鮟鱇	あんこう	海髪	おご
烏賊	いか	虎魚	おこぜ
貽貝	いがい	か行	
玉筋魚	いかなご	偕老同穴	かいろうどうけつ
活車海老	いき(け)くるまえび	牡蛎、牡蠣	かき
鶏魚、伊佐木	いさき	鮋	かさご
石首魚、石持	いしもち	鮖、鰍	かじか
鰮、鰯	いわし	鯑	かずのこ
岩魚	いわな	鰹	かつお
鯎	うぐい	蟹	かに
鱓	うつぼ	魳	かます
鰻	うなぎ	鰈	かれい
雲丹、海胆、海栗	うに	鱚	きす
海蠃	うみばい、ばい	黄肌	きはだ

動物・植物

海月、水母	くらげ	鱸	すずき
鯉	こい	鯣	するめ
鯒	こち	**た行**	
鮗	このしろ	鯛	たい
小鰭	こはだ	玳瑁、瑇珀	たいまい
氷下魚	こまい	蛸、鮹、鱆、章魚	たこ
昆布	こんぶ	魛、太刀魚	たちうお
さ行		田螺	たにし
鮭	さけ	鱈	たら
雑魚	ざこ	海螺貝	つぶがい
栄螺	さざえ	鰍、鯲、泥鰌	どじょう
鯖	さば	**な行**	
鮫	さめ	海鼠	なまこ
鰆	さわら	鯰	なまず
秋刀魚	さんま	鯡、鰊	にしん
鱰、鱪	しいら	海苔	のり
蜆	しじみ	**は行**	
柳葉魚	ししゃも	鯊、沙魚	はぜ
蝦蛄	しゃこ	鰰	はたはた
鯱	しゃち	蛤	はまぐり
鱈、介党鱈	すけとうだら	鱧	はも
鮨、鮓	すし	鮠	はや

鰉	ひがい	海松貝	みるがい
鹿尾菜、羊栖菜	ひじき	鯥	むつ
海星	ひとで	目撥、眼撥	めばち（まぐろ）
鰾	ひょう（魚のうきぶくろ）	紋甲烏賊	もんごういか
鮃	ひらめ	や行	
鰭	ひれ、はた	山女	やまめ
鬢長	びんなが（まぐろ）	わ行	
鱶	ふか	公魚、鰙	わかさぎ
河豚、鯸	ふぐ（下関はふく）	和布	わかめ
鮒	ふな		
布海苔	ふのり		
鰤	ぶり		
帆立貝	ほたてがい		
北寄貝	ほっきがい		
鮭	ほっけ		
鯔、鰡	ぼら		
ま行			
鮪	まぐろ、しび		
鱒	ます		
馬刀貝	まてがい		
真魚鰹	まながつお		
翻車魚	まんぼう		

動物・植物

難読の動物・虫・鳥〈ふろく〉

あ行		鸚鵡	おうむ
海豹	あざらし	鳳	おおとり
海驢	あしか	鴛鴦	おしどり
家鴨	あひる	蝌蚪	かと（おたまじゃくし）
虻	あぶ	膃肭臍	おっとせい
信天翁	あほうどり	か行	
水馬	あめんぼ	蛾	が
食蟻獣	ありくい	蜉蝣、蜻蛉	かげろう
斑鳩、鵤	いかる(が)	鵲	かささぎ
鼬	いたち	河鹿	かじか
蝗	いなご	蝸牛	かたつむり
猪	いのしし	鵞鳥	がちょう
井守、守宮	いもり	郭公	かっこう
海豚	いるか	河童	かっぱ
鵜	う	金糸雀	かなりあ
鶯	うぐいす	兜虫、甲虫	かぶとむし
蛆	うじ	蝦蟇	がま
鶉	うずら	蟷螂	かまきり
鷽	うそ	鴨	かも
浮塵子	うんか	羚羊、氈鹿	かもしか

鷗	かもめ	蠍	さそり
烏	からす	山椒魚	さんしょううお
獺、川獺	かわうそ	鴫、鷸	しぎ
翡翠	かわせみ	獅子	しし
雁	がん、かり	四十雀	しじゅうから
邯鄲	かんたん	紙魚	しみ
雉	きじ	尺蠖虫	しゃくとりむし
啄木鳥	きつつき	鷓鴣	しゃこ（鳥）
蟋斯、蟋蟖	きりぎりす	麝香鹿	じゃこうじか
麒麟	きりん	軍鶏	しゃも
水鶏	くいな	十姉妹	じゅうしまつ
孔雀	くじゃく	猩々	しょうじょう
鯨	くじら	虱	しらみ
轡虫	くつわむし	鼈	すっぽん
蜘蛛	くも	海象	せいうち
螻蛄	けら	鶺鴒	せきれい
源五郎	げんごろう	蟬	せみ
蝙蝠	こうもり	た行	
蟋蟀	こおろぎ	鷹	たか
さ行		駝鳥	だちょう
犀	さい	蝶	ちょう
鷺	さぎ	長元坊	ちょうげんぼう

狆	ちん	隼	はやぶさ
鶇	つぐみ	鷭	ばん
燕	つばめ	斑猫	はんみょう
鶴	つる	海狸	かいり(ビーバー)
貂	てん	羆	ひぐま
蜥蜴	とかげ	鶲	ひたき
朱鷺、鴇	とき	雲雀	ひばり
海馬	とど	狒々	ひひ
馴鹿	となかい	豹、彪	ひょう
鳶	とび	鵯	ひよどり
蜻蛉	とんぼ、かげろう	蛭	ひる
な行		鶸	ひわ
蛞蝓	なめくじ	梟	ふくろう
鳰	にお	蚋、蟆子	ぶよ
鵺	ぬえ	孑孑	ぼうふら
鼠	ねずみ	頬白	ほおじろ
蚤	のみ	杜鵑、時鳥、不如帰、子規、杜宇、蜀魂	ほととぎす
は行			
蠅	はえ		
獏、貘	ばく	**ま行**	
蜂	はち	抹香鯨	まっこうくじら
蝗	ばった、いなご	蝮	まむし

鼓豆虫	みずすまし	鰐	わに
鷦鷯	みそさざい		
蓑虫	みのむし		
蚯蚓	みみず		
木菟、角鴟	みみずく		
百足、蜈蚣	むかで		
椋鳥	むくどり		
鯢	め(す)くじら		
土竜	もぐら		
百舌(鳥)、鵙	もず		

や行

山羊	やぎ
山雀	やまがら
守宮	やもり
葦切、葭切	よしきり

ら行

駱駝	らくだ
海獺、海猟	らっこ
栗鼠	りす
驢馬	ろば

わ行

鷲	わし

動物・植物

Section 13
料理・食品に関する日本語 111

活魚	イケウオ、カツギョ　水槽で活かしたまま調理に供する魚。〜運搬車
鯵	アジ　魚名。〜のひらき
鮑	アワビ　片貝。磯の〜の片思い
鰈	カレー　左ひらめの右かれい。〜の煮物

鮭	**サケ** 三平汁の材料。シャケとも。秋の季語。〜の孵化事業
鬢長マグロ	**ビンナガマグロ** ×ビンチョーマグロ。マグロの一種。トンボシビ、ビンチョーなど地域異名がある。
鰤	**ブリ** 出世魚。関東ではワカシ、イナダ、ワラサ、ブリ。関西ではツバス、ハマチ、メジロ、ブリの順。
鱒	**マス** サケ科の魚。春の季語。〜寿司
スケソーダラ	**①スケソーダラ②スケトーダラ** 肉はすり身にしてかまぼこの原料に、卵はたらこに。
白魚	**シラウオ、シロウオ** 魚の種類により違うので注意。シラウオ…サケ目の魚、全長10cm。〜のような指。シロウオ…スズキ目の魚、全長5cm。
小女子	**コーナゴ** ×ショーナゴ。 小魚の一種。いかなごの異称。〜のつくだに
田作	**ゴマメ、タヅクリ** 正月料理の一つ。「ゴマメの歯ぎしり」は、実力のない者が憤慨して悔しがること。
公魚	**ワカサギ** 淡水魚。冬、氷に穴をあけ釣る。〜釣り

料理・食品

泥鰌	ドジョー　柳川鍋の材料。〜髭
生き腐れ	イキグサレ　×ナマグサレ。　魚などが新鮮に見えても実際は腐っていること。鯖の〜
身欠きニシン	ミガキニシン　×ミカキニシン。　頭と尾とを取り去り、二つに裂いて乾かしたニシン。「磨き」ではない。
雲丹	ウニ　食用にするのは生殖腺。(海胆、海栗とも書く)。〜飯
蜆	シジミ　宍道湖産などが有名。江戸時代黄疸に効くといわれた。〜千より法螺貝一つ
牡蠣	カキ　食用の貝。広島、松島が有名。〜フライ
青柳	アオヤギ　ばか貝のむき身。〜と蛙
烏賊	イカ　×ウゾク。　干物にしたものは鯣(スルメ)。
塩干(乾)魚	エンカンギョ　塩づけにしたあと、乾燥させた魚。

干物(魚などの〜)	ヒモノ　×カンブツ。　魚介類の場合はヒモノ。同じ字で、野菜・海藻・魚介類などを保存のため乾燥させた食品一般はカンブツといい、ふつう「乾物」と書く。
若布	ワカメ　海藻。〜と筍の煮物
海苔	ノリ　水中の岩石などに着生する藻類の総称。アサクサノリを薄く紙のようにすいて干した食品。〜巻き
乾物	カンブツ　×ヒモノ。　野菜・海藻・魚介類などを保存のため乾燥させた食品一般のこと。〜屋
新巻	アラマキ　荒巻とも。魚を一匹塩漬けにしたもの。わらなどで巻き包みにした魚。鮭の〜
潮汁	ウシオジル　×シオジル。　魚の塩味の汁もの。鯛の〜
潮煮	ウシオニ　×シオニ。　海水で煮た魚料理が起源。塩味で煮た魚料理。
松阪牛	マツサカウシ　×マツザカウシ。　あくまで地域団体商標として。肉については通常「マツサカギュー」といっても誤りではない。
肉汁	①ニクジュー②ニクジル　肉を調理するときに出てくる汁。〜たっぷりの

料理・食品

穀物	**コクモツ** ×コクブツ。 主に人類の主食となる農作物。
粳米	**ウルチマイ** 通常の米、オリザ・ジャポニカ。〜と糯米（モチゴメ）
糯米	**モチゴメ** 粘りけがある米。餅やおこわに使う。粳米（ウルチマイ）参照。
黒米	**クロゴメ** ×コクマイ。 赤米はアカゴメ。地域によってはアカマイ。
死米	**シニゴメ** ×シニマイ。 半透明でなく、白くなったもろい米。
七分搗き	**シチブヅキ** 玄米をついて7割ほど薄皮を取る。その状態の米。〜米
玉蜀黍	**トーモロコシ** とうきび。屋台で売っている。
稗	**ヒエ** 五穀の一つ。猿が〜を揉むよう
小豆	**ショーズ、アズキ** ショーズ…商品市場でアズキのこと。アズキ…（一般的）。

作物	**サクモツ、サクブツ** サクモツ…農作物、田畑の生り物。サクブツ…つくったもの（芸術作品などにも使われる）。農〜（サクブツ）。畑〜（サクモツ）
葉菜類	**ヨーサイルイ** ×ハサルイ。 主として葉を食用にする野菜類。
独活	**ウド** ウコギ科の植物。食べる季節は春。独楽はコマ。〜の大木
南瓜	**カボチャ** 大型の実を野菜として食用とするウリ科のつる性一年草。トウナス。ナンキン。
胡瓜	**キューリ** 野菜として栽培されるウリ科のつる性一年草。花は黄色。
干瓢	**カンピョー** ユウガオの実。また、それをうすい紐のように切って乾燥させた食品。〜ののり巻き
牛蒡	**ゴボー** キク科の越年草。〜の笹掻き
石蕗	**ツワ（ツワブキ）** キク科の多年草。〜の花は黄色
冬瓜	**トーガン、トーガ** ウリ科の大きい果実。〜が粉をふいたよう

料理・食品

茄子	**ナス**　野菜として栽培するナス科の一年草。花は薄紫色。秋ナスは嫁に食わすなといわれる。
大蒜	**ニンニク**　ドラキュラの大敵。ガーリック。
春菊	**シュンギク**　香味野菜の一つ。鍋には〜
蕗	**フキ**　キク科の多年草。茎（葉柄）が食用。夏の季語。五月〜に六月筍
七草	**ナナクサ**　×ナナグサ、×シチクサ。　春はセリ、ナズナ、ゴギョウ、ハコベラ、ホトケノザ、スズナ、スズシロ。秋は萩、尾花、葛、撫子、女郎花、藤袴、朝顔。
蕨	**ワラビ**　早春、拳状に巻いた新葉を出す。〜餅
椎茸	**シイタケ**　食用のキノコ。干し〜
酒樽	**サカダル**　×サケダル。　酒を入れる樽。〜を据えて飲む
四斗樽	**シトダル**　×ヨントダル。　四斗（72リットル）入る酒だる。〜を据えて飲む

杜氏	**トージ（トジ）** 酒造りの職人。南部はトジ。〜の酒歌
生一本	**キイッポン** ×ナマイッポン。 まじりけなし。（キ）生一本、生そば、生地。（ナマ）生酒、生ビール。灘の〜
利き酒	**キキザケ** ×キキシュ 酒の良し悪しを鑑定するため少量を口に含んで味わうこと。
白酒	**シロザケ** ×シロサケ。 ひなまつりに供える甘くて白い酒。
甘酒	**アマザケ** ×アマサケ。 米粥に麹を混ぜ醸した飲料。ひな祭には〜
下戸	**ゲコ** 酒が飲めない人。私は〜なもので
上戸	**ジョーゴ** 酒の飲める人。対義語；下戸（ゲコ）。笑い〜、壁塗り〜
素面（2通りの読みで）	**シラフ、スメン** ×ソメン。 シラフ…酒を飲んでいない（白面とも）。スメン…能・剣道で面をかぶらない。〜で話す
強力粉	**キョーリキコ** ×キョーリョクコ。 パンなどを作る小麦粉。〜と薄力粉

料理・食品

中力粉	**チューリキコ** ×チューリョクコ。 小麦粉の内、薄力粉と強力粉の間の物。～を使う
薄力粉	**ハクリキコ** ×ハクリョクコ。 天ぷらの衣などに使う小麦粉。～と強力粉
生姜	**ショーガ** 根の香味、辛味を利用する植物。～は田植歌を聞いて芽を出す
胡椒	**コショー** 香辛料。～のスープ
胡麻	**ゴマ** 植物。密教の修法は「護摩」。開け～
蓼	**タデ** 香辛料になる。～食う虫も好き好き
肉桂	①**ニッケ、ニッケイ**②**ニッキ** スパイス。（シナモン）
粗目	**ザラメ** 目の粗い、精製していない。～糖
山椒	①**サンショー**②**サンショ** 香りの高い若葉は「木の芽」といって食用。実は香辛料、材はすりこぎに使用。

山葵	**ワサビ** 日本特産の香辛料。〜が利いた表現
水菓子	**ミズガシ** 果物のこと。水ようかんなどではない。見舞いに〜をいただく
杏子	**アンズ** アプリコット。〜ジャム
無花果	**イチジク** ×ムカカ。 クワ科。ペルシア語の音訳から。
温州蜜柑	**ウンシューミカン** ×オンシューミカン。日本原産のミカン。〜の産地
枇杷	**ビワ** 種が大きい果物。〜を家に植えるな
飲食物	**インショクブツ** ×インショクモツ。 飲んだり食べたりするもの。〜の衛生
外郎	**ウイロー** 薬および菓子の名。歌舞伎・外郎売りの科白が有名。〜売り
羊羹	**ヨーカン** 餡＋砂糖＋寒天。練〜、水〜

料理・食品

心太	**トコロテン** てんぐさから作る寒天を筒で突いて作る。〜を突く
小倉餡	**オグラアン** ×コクラアン。 アズキで作ったあんこ。〜の菓子
食物	**ショクモツ** ×ショクブツ。 食べ物。
献立	**コンダテ** メニュー。晩餐会の〜は
相伴	**ショーバン** 食事のお供をする。お〜にあずかる
和物	**アエモノ** 野菜、魚等を味噌、酢などでまぜた料理。
蕎麦	**ソバ** タデ科の一年草で、夏から秋にかけ白い花をつける。
饂飩	**ウドン** ×オントン。 小麦粉を食塩水と練り合わせ線状に切り出した麺の一種。
雑炊	**ゾースイ** おじや。野菜などを入れたカユ。玉子〜

出汁	**ダシ** ×デジル。 鰹節等の煮出し汁。鰹節で〜をとる
五色揚げ	**ゴシキアゲ** ×ゴショクアゲ。 料理。「ゴシキ」…色とりどり。「ゴショク」…5種の色。
割烹	**カッポー** 食物の調理。〜旅館
点心	**テンシン、テンジン** 読みは両様をとる。中国料理で簡単な食事の代わりになる小食。
餃子	**ギョーザ** 肉野菜を小麦粉の皮で包んだ中国料理。〜定食
焼売	**シューマイ** 挽き肉を薄い小麦粉の皮で包み蒸した料理。〜は横浜に限る
雲呑	**ワンタン** 小麦粉の皮で肉などを包みスープに浮かせる。〜麺
灰汁	**アク** ×ハイジル、×カイジュー。 アルカリ性の水、木灰を溶かして作る。また肉汁などに浮く濁り。〜に浸ける、〜を取る
悪食	**アクジキ** ×アクショク。 普通は食べないものを食べること。粗末な食事。〜の癖がある

料理・食品

白湯	**サユ** ×ハクトー。 何も入っていないただの湯。〜で薬を飲む
厨房	**チューボー** 台所。男子〜に入らず
猪口	**チョコ（チョク）** 酒をのむ器。〜を左手に持つ
食籠	**ジキロー** 食べ物を盛る器、食物の贈答などに使う。喰籠とも。〜に盛る
蒸籠	**①セーロー②セーロ** 釜の上にのせて食べ物を蒸す用具。〜そば
舌鼓	**シタツヅミ（シタヅツミ）** うまいものを飲み食いしたときに舌を打ち鳴らすこと。
腹鼓	**ハラツヅミ（ハラヅツミ）** 十分に食べて膨らんだ腹を満足げにたたくこと。
夕餉	**ユーゲ** 夕方の食事。対義語；朝餉。〜の食卓

もっと知りたい　鮭・シャケ

魚の「鮭」、みなさんは「サケ」「シャケ」のどちらを使いますか？　もとの言い方は「サケ」で、江戸時代初期に刊行された『日葡辞書』にも「サケ」と書かれています。一方シャケも、"サケの訛った形"として明治時代の辞書にすでに載っています。実際にはどちらを使う人が多いのでしょう。

NHK放送文化研究所が平成13年に、「サケの切り身」と「シャケの切り身」のどちらを使いますか？　と調査したところ、サケ(44％)・シャケ(56％)とシャケの方が多くなりました。また、地域の差もあるようです。シャケは東京方言のひとつともされていますが、関東や東海地方で「シャケ」の比率が多く、東京のことば＝共通語というイメージから「シャケ」の言い方も広まったのかもしれませんね。また、使い分けている人もいるのではないでしょうか。辞書によっては、「シャケ＝主に加工した物をいう」と注釈がついているものもあります。調査をしたNHK放送文化研究所の分析でも、「生き物としてはサケ」「食べ物としてはシャケ」と使い分けている人がいるのではないかとしています。実際に川を遡上してくるのを見たときは、「シャケ」とは呼ばないかもしれませんね。

もっと知りたい　羊羹

寒天を煮溶かして砂糖とあんを加え練り固めた「羊羹」。なぜこのような漢字を書くのでしょうか。「羊羹」の「羊」は字の通り「ひつじ」。「羹」は「あつもの」つまり「野菜や肉などの吸い物」のこと。つまり、「羊羹」は元々「羊肉のスープ」だったのです。中国で禅僧の軽い昼食として食べられました。中国で「羊」は大切な生き物。「羹」の字は「羔」と「美（羊＋大）」が重なっています。羊が３つも隠れている「羊羹」は、大切な食べ物だったのかもしれませんね。

さて、「羊肉のスープ」である羊羹は、鎌倉・室町の時代、禅宗文化とともに日本に伝わりました。しかしその時代、家畜としての羊がいなかったことや、仏教で肉食を禁じていたために、小豆の蒸したものを羊肉に見立てスープの中に入れたのです。後に、小豆の蒸したものをそのまま菓子として供するようになったのが、蒸し羊羹の始まりです。寒天を使った練り羊羹は江戸時代からで、日持ちがするために人気となりました。また当時、羊羹は長さ六寸(約18センチ)厚さと幅が一寸(約３センチ)の細長い棒状で売られたことから、棹物菓子とも呼ばれました。羊羹を「１棹、２棹…」と「棹」で数えるのはそのためです。

料理・食品

Section 14
古典・芸能に関する日本語 102

詩歌	**シーカ** 漢詩と和歌、俳句などを含む韻文の総称。〜をたしなむ
召人	**メシュード** 和歌所寄人（ワカドコロヨリウド）の異称。歌会始で天皇から歌を詠むよう命ぜられた人。〜の歌
歌会始の読師	**トクジ、ドクジ、トーシ、トクシ、ドクシ** 仏教・和歌・歌会始はドクジ。場面によって要確認。
発句	**ホック** ×ハック。 俳諧連歌で第一句。〜をよむ

下の句	**シモノク** ×シタノク。 和歌の七七の部分。句の後半。～をあてる
挙句	**アゲク** ×キョク。 揚句、連歌の終わりの七七。とどのつまり。～のはて
相聞	**ソーモン** ×ソーブン。 贈答の歌、恋の歌。～歌
夫（2通りの読み）	**オット、ツマ** 短詩系文学では夫、妻両方ともツマと読んで拍を揃えることがありうる。
短冊	**タンザク** 和歌を書く細長い紙。笹に～を吊るす
跋文	**バツブン** ×ダツブン。 書物の本文の後に書く文章。～を読む
枕草子	**マクラノソーシ** 古典文学の一つ、清少納言作。「春はあけぼの」は～の一節
枕草紙	**マクラゾーシ** 見聞や思いついたことを記し、身近に備え置く綴本。春本。～を密かに見る
小倉百人一首	**オグラヒャクニンイッシュ** オグラヒャクニンシュもあり。

古典・芸能

今業平	イマナリヒラ　美男子。現代の在原業平（アリワラノナリヒラ）。〜の様な美男子
三十一文字	ミソヒトモジ　和歌。〜の心得
静心なく	シズゴコロ・ナク　×シズ・ココロナク。穏やかな落ち着いた心。和歌「ひさかたの光のどけき春の日に〜花の散るらむ」（古今）
五言絶句	ゴゴンゼック　×ゴゲンゼック。　一句五字の漢詩形式。五言律詩、七言絶句（シチゴン）あり。
素読	ソドク　×スドク。　漢文で特に意味は考えず声に出して読むこと。
題簽	ダイセン　×ダイケン。　和漢書で題名を書いて表紙に貼った紙。
保元物語	ホーゲンモノガタリ　×ホゲン。　鎌倉初期の軍記物。
烏帽子	エボシ　×エボーシ。　元服した男子の冠。〜直衣（ノウシ）
牛車 (葵祭のニュースで)	ギッシャ　×ギューシャ。　牛に引かせる乗用の車。牛が引く荷車はギュウシャ。

文章博士	モンジョーハカセ 奈良時代に設置された、大学寮に属し詩文と歴史を教授した文官。
戯作者	ゲサクシャ ×ギサクシャ。 江戸後期の通俗作家。～列伝
読本（2通りの読み）	ヨミホン、トクホン ヨミホン…江戸後期の小説の一種。 トクホン…教科書。子育て～（ドクホン）
世間胸算用	セケンムネサンヨー ×セケンムナザンヨー。 井原西鶴作。心の中で見積もりを立てる意では、ムナザンヨーも。
胸算用	ムナザンヨー ×ムネサンヨー。 心の中で見積もりを立てること。西鶴作品はセケンムネサンヨー。～をする
古文書	コモンジョ ×コブンショ。 古い文書。～学
曝書	バクショ ×ボウショ。 本の虫干し。
四阿（東屋、阿舎）	アズマヤ 柱だけで壁がない庭園の休憩所などの建物。～で一休み
庵室	アンシツ △アンジツ。 いおり。

古典・芸能

鄙びた	ヒナビタ 古くなって趣のある。いなかめいてやぼったいの意味も。〜温泉
格天井	ゴーテンジョー ×コーテンジョー、×カクテンジョー。 材木を格子にあんで板を裏貼りした天井。〜のつくり
水石	スイセキ 泉水と庭石。
茶道	サドー、チャドー 裏千家はチャドー。流派により違うので要確認。
濃茶	コイチャ ×ノーチャ。 茶道で回し飲みにする御茶。〜と薄茶
点前	テマエ 茶道の所作。お〜と使うことが多い。オタテマエもある。お〜を拝見
野点	ノダテ ×ヤテン。 野外で行う茶会。緋毛氈で〜
帛紗	フクサ ×ハクサ。 方形の絹で作った物を包む布。茶道で使う絹布。袱紗、服紗とも。〜に包んだ祝儀
初釜	ハツガマ 年の初めの茶会。〜に参加

所作	ショサ　ふるまい、しぐさ。～が美しい
生花（2通りの読み）	イケバナ、セーカ　イケバナ…華道。生け花。セーカ…造花の対語。
懸崖	ケンガイ　鉢から花が垂れるように仕立てた鉢植え。切り立った崖。菊の～作り
琴柱	コトジ　×コトバシラ。　琴の弦を張る駒。～を置く
爪弾	①ツメビキ②ツマビキ　琴・三味線などを指先ではじいて鳴らすこと。動詞はツマビク。
揮毫	キゴー　書画を描くこと。題字を～する
直筆	ジキヒツ　×チョクヒツ。　本人が直接筆をとって書くこと。
狩野派	カノーハ　×カノハ。　江戸期の日本画の流派。～の屏風絵
贋作	ガンサク　にせもの。～をつかまされる

古典・芸能

剽窃	ヒョーセツ　他人の作品を自分のものとして発表する。
江湖	コーコ　世間。揚子江（長江）と洞庭湖。仏教ではゴーコ。参禅する人が集まる場所。～に訴える
三光尉	サンコージョー　×サンコーイ。　能面の一種。庶民的な相の老人面。
石橋(能の題目)	シャッキョー　能の題目の一つ。獅子ものをいう。
薪能	タキギノー　×マキノー。　かがり火の下で行う能楽。真冬の～
宝生流	ホーショーリュー　×ホージョーリュー。能の流派の一つ。
弱法師	ヨロボーシ、ヨロボシ　よろよろした（乞食）坊主。能楽の俊徳丸の話。
今様	イマヨー　当世風の。～に言えば
謡い初め	ウタイゾメ　×ウタイハジメ。　新年になって初めて謡曲を謡うこと。

小督	コゴー　謡曲・能の題名。〜の局（ツボネ）
二人羽織	ニニンバオリ　×フタリバオリ。　羽織を着た人の後ろに入り手を使う芸。〜を演じる
臍下丹田	セーカタンデン、セーカ・タンデン　丹田もへその下のあたり。〜に力を入れる
剣舞	ケンブ、ケンバイ　（ケンブ）剣を持って詩吟に合わせて舞う舞。〜を披露する（ケンバイ）岩手などに伝わる伝統芸能の一つ。鬼〜
弓杖	ユンヅエ　×ユミツエ。　弓を杖の代わりにすること。敗残兵に見られる。髪はザンバラ〜姿
柿落とし	コケラオトシ　×カキオトシ。　舞台の使い初め。〜の公演　「柿（コケラ・8画）」は「柿（カキ・9画）」とは別字。
中日(芝居、相撲の)	ナカビ　興行の真ん中の日。彼岸はチューニチ。相撲も〜になる
楽屋	ガクヤ　舞台裏で出演者が準備休息する部屋。〜落ち、〜裏
上手(舞台の〜)	カミテ　客席から舞台に向かって右手。〜から登場　左は下手(シモテ)。

古典・芸能

下手（舞台の〜）	シモテ　客席から舞台に向かって左手。
桟敷	サジキ　歌舞伎などで土間席より高く作った見物席。〜席
台詞	セリフ　×ダイシ。　劇の中の言葉。科白とも。
大歌舞伎	オーカブキ　×ダイカブキ。　有名俳優をそろえた大劇場での歌舞伎興行。
大鼓	オーツヅミ、オーカワ　大きな鼓。場面に応じて読みは取材して確認。〜と鼓
十八番	オハコ、ジューハチバン　オハコ…いちばん得意なこと。〜芸　ジューハチバン…歌舞伎市川家の演目。歌舞伎十八番
女形	オンナガタ（オヤマ）　女の役をする男優。伝統芸能ではオンナガタ。
立女形	タテオヤマ　×タチオンナガタ。　一座の女形の中の最高位。
立役	タテヤク、タチヤク　タテヤク…おもだった役者。中心人物（立役者）。タチヤク…①女形に対する男役。②善と悪をさばく役どころ。

端役	ハヤク 主役脇役以外のちょいと出の役。〜にもなれない
外題	ゲダイ ×ガイダイ。 書物の表紙の題名。歌舞伎、浄瑠璃の題名。〜は「与話情浮名横櫛」
名題	ナダイ ×ミョーダイ。 歌舞伎で上演される狂言の題名。幹部級歌舞伎俳優の略尊称。
玄冶店	ゲンヤダナ ×ゲンジダナ。 歌舞伎の外題。源氏店の通称。
三人吉三	サンニンキチサ ×サンニンキチザ。 歌舞伎の外題。
二人静（2通りの読み）	ニニンシズカ、フタリシズカ ニニンシズカ…歌舞伎の外題。フタリシズカ…謡曲、植物名。
三番叟	サンバソー ×サンバンソウ。 めでたい踊りの一種。歌舞伎、能等。〜を舞う
三升（2通りの読み）	サンジョー、ミマス ×サンショー。サンジョー…容量。一升は約1.8リットル。ミマス…紋の一種。団十郎の紋。
大序	ダイジョ ×タイジョ。 歌舞伎の最初の幕。「仮名手本忠臣蔵」の始まりの幕。

古典・芸能

二人腕久	ニニンワンキュー ×フタリ〜。 歌舞伎などの舞踊の一つ。二人道成寺もニニン。
独参湯	ドクジントー 煎薬から。転じて、いつ出しても当たる狂言（歌舞伎）。忠臣蔵は〜
一幕 (一場面の意で)	ヒトマク ×イチマク。 （歌舞伎などで）ひとまく、ふたまく、みまく。…する〜もあった
一幕物	ヒトマクモノ ×イチマクモノ。 芝居用語。第一幕はダイイチマク。一幕見（ヒトマクミ）。〜の芝居
熊野(2通りの読み)	ユヤ、クマノ ユヤ…能・歌舞伎の演目の一つ。クマノ…紀伊半島南部にある地名。〜権現、〜神社
梨園	リエン 歌舞伎界。〜の名門
和事	ワゴト 歌舞伎で色事などの演目、演出。対義語；荒事（アラゴト）。〜がうまい
口伝	クデン ×コーデン。 口頭で教えること。奥義は〜になっている
黒衣	①クロゴ②クロコ 歌舞伎、文楽はクロゴ。黒子とも。

幕間	マクアイ ×マクマ。 芝居の幕と幕の間の休憩。～に弁当を使う
幕開き	マクアキ △マクアケ。 芸能では「開き」だが一般には「開け」も認める。
名跡（～を継ぐ）	ミョーセキ ×メーセキ。 代々受け継いでいく家名。旧跡の意の名跡はメーセキ。先代の～を継ぐ
四代目	ヨダイメ ×ヨンダイメ。 歌舞伎役者落語家など芸能人。四代目団十郎
七代目	シチダイメ ×ナナダイメ。 六代目の次。～梅幸
九代目	クダイメ 八代目の次（芸能関係など）。～団十郎
四段	ヨダン ×ヨンダン。 段位(武道、碁将棋)。芝居の四段目（ヨダンメ）。
七段	シチダン ×ナナダン。 柔道、剣道、囲碁などの段位。剣道～

古典・芸能

もっと知りたい　柿落とし

平成25年4月、新しい歌舞伎座が3年ぶりに開業し、こけら落としの興行が始まりました。「こけら落とし」とは、江戸時代の芝居小屋から生まれたことばで、新築、改築した劇場で最初に行われる興行のことです。「こけら」とは、材木を削るときに出る「木の削りくず」のことで、新築や改築工事の最後に、屋根の足組などの木の削りくず、つまり「こけら」をきれいに払い「落として」完成となったことから、最初の興行のことを「こけら落とし」と言うようになったのです。遊び心を感じる言い方ですね。

ところで、この「こけら」、漢字では「柿」と書きます。果物の柿（かき）と同じ文字に見えますが、実は別の字。果物の「柿」の旁（つくり）は市場の「市」で、縦の線は、上の点と下の棒に分かれていますね。ところが、「こけら」の旁（つくり）は「市」ではなく、上から下まで一本の棒が貫いている字です。ですから画数も「かき」は9画、「こけら」は8画になります。しかし、似た字で紛らわしい上に、「こけら」ということばを使う機会も少ないせいか、しだいに「柿（かき）」が「柿（こけら）」の代わりの字として一般的に使われるようになったのです。

もっと知りたい　幕開き

物事の始まりという意味で使うことばに、「幕開き」があります。これは、歌舞伎などで、幕が最初に開いて芝居が始まることを「幕開き」と言ったのが転じたものです。ただ、「幕開け」という人も多いのではないでしょうか。

平成16年度の文化庁の『国語に関する世論調査』では、「新しい時代の幕開け」と使うと答えた人が87.6％、「新しい時代の幕開き」と正しい回答をした人は6.7％という結果でした。「夜明け」「梅雨明け」などとの、音の混同があったのでしょうね。今では、芝居など芸能関係は「幕開き」、それ以外は「幕開け」と使うことが多くなっているようです。

もうひとつ、「幕間」はみなさん何と読みますか？「まくま」と読む人もいますが、本来は「まくあい」です。芝居では、幕を上げてから下ろすまでの一区切りの場面のことを一幕（ひとまく）と呼びます。その一幕が終わって、次の一幕が始まるまでの間の休憩時間、つまり幕（まく）の間（あいだ）だから「まくあい」なのですね。「幕間」は「幕の内」とも言います。そして、その休憩時間に食べる弁当だから「幕の内弁当」というわけです。芝居から広まったことば、いろいろありますね。

Section 15
性格や動作を表現する日本語 125

悪玉	**アクダマ** 善玉の対語。悪者。
一途（2通りの読み）	**イチズ、イット** イチズ…ひたすらに。〜に思う　イット…悪化の〜をたどる
燻銀	**イブシギン** 銀の輝きを抑えた黒っぽい加工。〜のような芸
異名	**イミョー、イメー** 本名以外の呼名。あだな。○○という〜を取る

因業	**インゴー** ×インギョー。　前世の因縁で苦楽の報いをうけること。～親父
有徳（有得）	**ウトク** ×ユートク。　徳が高い、富んでいる。～の人
老耄	**オイボレ**　年をとってボケてくること（放送では使用注意）。
鷹揚	**オーヨー**　おっとりして上品なさま。
気質（2通りの読み）	**カタギ、キシツ**　カタギ…特有な気風、性格。昔～、職人～。キシツ…一般的に性質や性格。
敵役	**カタキヤク**　テキヤクもあり。悪役。憎まれ役。
堅苦しい	①**カタクルシイ、カタグルシイ**②**カタックルシイ**　厳格に過ぎる。形式張っていて窮屈であるさま。
恰幅	**カップク**　身体の格好。～の良い紳士
気骨（のある人）	**キコツ**　根性。キボネと読めば気苦労の意。（「キボネが折れる」＝気苦労が多くて疲れる）

気障	キザ　いやみ。〜なやつ
華奢	キャシャ　×カシャ。　上品で弱々しい。〜な造り
矜恃	キョージ　×キンジ。　自信と誇り。〜を持つ
曲者(2通りの読み)	キョクシャ、クセモノ　キョクシャ…芸能に優れた者。〜を見いだす　クセモノ…不審な者。〜を捕える、〜を見いだす
玄人	クロート　×ゲンジン。　その道の専門家。〜はだし
炯眼(慧眼)	ケーガン　きらきら光る目、眼力の鋭いこと。〜人を射る
健気	ケナゲ　かいがいしいさま。〜な娘じゃないか
権柄	ケンペー　〜ずく(威力を笠に着た)
狡猾	コーカツ　悪賢い。〜なやつだ

性格や動作

好事家	コーズカ　ものずきなひと。町の〜
穀潰し	ゴクツブシ　×コクツブシ。　無駄飯ぐらい、役立たず。〜野郎
小賢しい	コザカシイ　ちょっとだけ賢そうな。利口ぶった。〜真似を
滑稽	コッケイ　おもしろおかしい。〜なしぐさ
堪え性	コラエショー　我慢する心。〜がない
凝り性	コリショー　熱中する癖。肩凝りしやすい体質。彼は〜だから
声色	コワイロ　声の調子や感じ。声帯模写。〜を使う
蠱惑	コワク　心を乱しまどわす。〜的な瞳
洒脱	シャダツ　あかぬけている。〜な語り口

弱冠	ジャッカン 「弱冠」は男子20歳。女性や、20歳から大きく離れる年齢には使わない。～20歳の栄光
洒落	シャレ 人を笑わせる文句。駄～
殊勝	シュショー 奇特なこと。
憔悴	ショースイ やつれること。～しきった表情
饒舌	ジョーゼツ 口数が多いこと。～な女
食言	ショクゲン 前に言ったことと違うことを言う。～する
女丈夫	ジョジョーフ ×ジョジョーブ。 勇ましく潔い女性。正に彼女は～だ
素人	シロート アマチュア。対義語：玄人（クロート）。～芝居
真摯	シンシ まじめでひたむき。～な態度

性格や動作

| 辛辣 | シンラツ 非常に手厳しい。〜な言い方 |

| 図体 | ズータイ からだ。〜がでかいばかりで |

| 清々しい | スガスガシー ×キヨキヨシー、×セーセーシー。 さわやかで気持ちがよい。 |

| 碩学 | セキガク 学問の広く深い人。当代の〜と言われる |

| 先達 | センダツ △センダチ。 先輩。指導者。修験道で山に入って修行する際の指導者。大山参りの〜 |

| 善玉 | ゼンダマ 善い人。悪玉に対して使う。〜と悪玉 |

| 憎悪 | ゾーオ 憎むこと。〜の念 |

| 相好 | ソーゴー ×ソーコー。 顔かたち。(仏教)仏の体に備わっているすぐれた特徴。〜を崩して喜ぶ |

| 底意 | ソコイ 心の奥に持っている考え、本心。〜をはかりかねる |

粗忽	**ソコツ**　そそっかしいこと。〜者、〜長屋
村夫子	**ソンプーシ**　×ソンフシ。　田舎の学者、軽蔑的な意味で使う。〜然とした
大音声	**ダイオンジョー**　大声。〜で呼ばわる
大家(3通りの読み)	**タイカ、タイケ、オーヤ**　タイカ…その道の大御所。その道の〜。タイケ…資産家。ご〜。オーヤ…家の貸主。〜さん
泰斗	**タイト**　その道の大家。学界の〜
手弱女	**タオヤメ**　×テヨワメ。　女性(やさしい女、しとやかな女)。対義語；益荒男(マスラオ)。
立役者	**タテヤクシャ**　重要な役割をする中心人物。この事件の〜は彼だ
知己	**チキ**　×チコ。　自分のよき理解者。知り合い、友人。十年来の〜
猪口才	**チョコザイ**　こりこう。なまいき。

性格や動作

訥弁	トツベン 口下手。対義語；能弁。〜ながら切々と訴える
頓着	①トンチャク②トンジャク 心にかけること。〜しない
柔和	ニューワ ×ジューワ。 やさしく穏やか。
暢気	ノンキ 気楽なさま。〜に構えていたら大変
潑剌	ハツラツ 元気が満ちあふれている。〜としたふるまい
早合点	ハヤガッテン、ハヤガテン 早呑み込み。あわてものの特性。〜する
鼻下長	ビカチョー （俗語）女に甘い男。〜だから
剽軽	ヒョーキン 気軽で滑稽。〜なやつ
非力	ヒリキ ちからがないこと。〜な身ですが

風態	フーテー　風体。外見。
分限	ブゲン　ブンゲンとも。身の程。金持ちの意の「分限者」はブゲンシャのみ。
分限者	ブゲンシャ　×ブンゲンシャ。　分限はブンゲンもあり。金持ち、財産家。
不肖	フショー　×ブショー。　親と違ってできの悪いこと。〜の息子
放蕩	ホートー　酒や女に溺れる。〜息子
放埓	ホーラツ　気ままに振る舞う。
木訥(朴訥)	ボクトツ　実直で無口なこと。
本性	ホンショー、ホンセー　（一般よみ）ホンショー…生まれつきの性質。本心。　（学問的よみ）ホンセー
無頓着	ムトンチャク　ムトンジャクをとる辞書も。

性格や動作

明晢(明晰)	メーセキ　明らかではっきりしている。〜な頭脳
妄執	モーシュー　×モーシツ。　迷いによる執着。〜にとらわれる
黙然	モクネン　じっとだまっている。〜とゴミを拾う
猛者	モサ　×モージャ。　勇猛な者。ラグビーの〜
有識(2通りの読み)	ユーシキ、ユーソク　ユーシキ…その道に明るい人。〜者。　ユーソク…朝廷や武家の古来のしきたり。〜故実
悠然	ユーゼン　ゆったりしたさま。〜と構える
辣腕	ラツワン　うできき。〜家
律儀者	リチギモノ　義理堅くまじめな人、正直者。〜の子沢山
流暢	リューチョー　話し方が滑らかで淀みない。〜に喋る

老獪	ローカイ　世慣れていて悪賢い。～な政治家
陸(碌)でなし	ロクデナシ　（陸は平坦、完全の意）役に立たぬもの。つまらぬもの。
論客	ロンキャク　×ロンカク。　弁の立つ人。～ぞろい
足掻く	アガク　×アシカク。　やたらに手足を動かし、もがく。最後の足掻き
贖う	アガナウ　買う。つぐなう。命で贖う
欠伸	アクビ　×ケッシン。　眠いとき、疲れたときなどに不随意的に起こる呼吸運動。
胡座	アグラ　△コザ。　足を組んで座ること。～をかく
荒らげる・荒げる	アララゲル、アラゲル　元々はアララゲル。ことばを～
厭う	イトウ　好まないで避ける。労を～わずに

性格や動作

促す	ウナガス　促進する。ある事をするように進める。努力を〜
云々する	ウンヌンスル　とやかく言葉の端をあげつらう。あれこれ言うこと。〜しない
老いる・老ける	オイル・フケル　年をとる。弱る。
犯す・侵す・冒す	オカス　犯す…(罪や過ちを)　法を〜。 侵す…(侵害する)　領分を〜。 冒す…(あえてする)　危険を〜
戦く	オノノク　恐怖、不安で体がふるえること。
怯える	オビエル　恐怖におののく。影にも〜
降りる・降る	オリル・フル　オリル…霜が〜。　フル…雨、雪が〜
騙る	カタル　偽って名乗る。名を〜
絡む	カラム　言いがかりを付ける。巻きつく。酒をのむと〜

軽んずる	**カロンズル** ×カロンジル。 軽いものと見る。見下げる。軽んじるとも。
躱す	**カワス** 追撃を振り切る。2位が1位を追い抜くときには使えない。後続の追込みを〜してゴール
駆逐	**クチク** ×クツイ。 相手を追い払う。ハエや蚊を〜する
喧伝	**ケンデン** 盛んに言い触らす。〜された程ではない
寿ぐ	**コトホグ** 祝う。新春を〜
拱く	**コマネク、コマヌク** 腕を組む。伝統的にはコマヌク。手を〜て傍観する
懇望	**コンモー** ×コンボー。 熱心に頼む。〜されて任に就く
遡る	**サカノボル** ×ヨミガエル。 流れに逆らって上流に行く。根本に立ち返る。歴史を〜
認める（手紙を〜）	**シタタメル** 書く。他に食べる、用意するの意も。

性格や動作

下回る	シタマワル　ある数量や基準以下になる。最高気温などは「〜度を下回る」ではなく、「達していない」などとする。
瞬く(3通りの読み)	シバタタク、マタタク、マバタク　シバタタク…まばたきをしきりにする。マタタク・マバタク…まぶたを開閉する。光が明滅する。
染みる	シミル　吸い取られるようにして中に入っていく。表面ににじみ出てくる。
剃る	ソル　×スル。　ひげや髪の毛を根元から切り取ること。
携わる	タズサワル　関係する。従事する。 事業に〜
辿る	タドル　あとを追って歩く。足跡を〜
騙す	ダマス　偽って信じさせる。〜されて買わされた
呟く	ツブヤク　低い声で一人言う。 こっそりと〜
治る・治まる	ナオル・オサマル　ナオル…病気やけがを治療して健康になること。オサマル…乱れた状態が安定した状態に戻る。

覗く	**ノゾク** こっそり見る。
怯む	**ヒルム** 恐れて勢いが弱まる。気持ちがくじける。〜ことなく挑戦
塞ぐ	**フサグ** 出入りできないように障害を設ける。落ち込んで気分がすぐれないこと。ねずみ穴を〜
愛でる	**メデル** 愛玩する。菊を〜

もっと知りたい　荒らげる

声を「あららげる」？　それとも、「あらげる」？　みなさんはどちらを使いますか？　実は、「あららげる」が本来の言い方です。「あらげる」も江戸時代には用例があり、辞書でも「あらげる」をのせるものもありますが、そのほとんどは「あららげる」の変化した語と説明しています。しかし、平成22年度の文化庁の調査では、「声をあららげる」という本来の言い方を使うと答えた人は11％あまりで、80％の人は「声をあらげる」を使うと答えています。全国的に「あらげる」が多数派になっているようです。「あららげる」の由来は、まず「荒い」に「らか」という状態を表す接尾語がついて、態度などが荒い様子を意味する「荒らか(あららか)」ということばができました。「高い」に「らか」がついて「高らか」になるのと同じです。この「荒らか」に接尾語「げる」がついて「荒らげる」という動詞ができました。これに対して、「あらげる」はどこから出てきたのでしょうか。「荒らか」ということばを使わなくなったため、「荒い」に直接「げる」がつけられるようになったのかもしれません。また、「荒らげる」という漢字の送りがなを勘違いし、「荒(あ)らげる」と読み間違えたのではないかとも考えられます。放送では今のところ「荒(あら)らげる」を使いますが、もし「あらげる」と読むのであれば、送りがなを変えて「荒げる」と書かなくてはいけないでしょう。

Section 16

暮らしの中の難読語 277

姉さん被り	アネサンカブリ ×ネエサンカブリ。 手拭いなどを頭にかけ後ろで結ぶ。～で掃除する
総角	アゲマキ ×ソーカク。 髪の結いかたの一つ。
浴衣	ユカタ ×ヨクイ。 夏に着る木綿のひとえ。ゆかたびら。
袷	アワセ うら付きの着物。～の季節

八掛け	ハチガケ、ハッカケ　ハチガケ…8割。ハッカケ…着物のすそ回し。
甲斐絹	カイキ　×カイキヌ。　海黄、海気。練り絹で織った平絹。特産は〜
羽二重	ハブタエ　絹織物の一つ、柔らかい。〜のような肌
唐衣	カラギヌ　×カラゴロモ。　十二単の一番上に着る丈の短い衣。
衣桁	イコー　着物を掛けておく物。〜屏風
衣紋	エモン　衣服の正しい着方。抜き〜、〜掛け
元結	モットイ、モトユイ　髪の髻（モトドリ）を結ぶ紐など。文七元結（ブンシチモットイ）
胡粉	ゴフン　×コフン。　白色顔料。貝殻から作る。$CaCO_3$。〜絵
狩衣	カリギヌ　×カリギ、×カリゴロモ。　公家武家の礼服。神主の着物の様式。〜姿

暮らしの中の難読語

月代(〜を剃る)	**サカヤキ** ×ツキダイ。　半月形の頭髪。のびた〜を撫でる
雪駄	**セッタ**　×セッダ。　竹皮の草履の底に牛の皮を張った履物。
仙台平	**センダイヒラ**　織物。絹の袴地。
乳人(乳母)	**メノト（ウバ）**　うば。〜子(めのとご)
お七夜(御〜)	**オシチヤ**　子どもが産まれて7日目の祝い。×初七日。七日七夜は「ナヌカナナヨ」。
元服	**ゲンプク**　男子の成人の儀式。古くはゲンブク。
鐙	**アブミ**　鞍の両脇に下げ騎手の足を乗せる道具。〜瓦(軒丸瓦のこと)
校倉	**アゼクラ**　×コーグラ。　古代の高床倉庫。〜造り
入母屋	**イリモヤ**　上部は切り妻、下部は寄せ棟造りの屋根（建築用語）。〜造り

檜皮葺	ヒワダブキ　ひのきの皮でふいた屋根。〜の屋根
襖	フスマ　木で骨組みを作り紙を張った建具。
紅殻（弁柄）	ベンガラ　×ベニガラ。酸化第二鉄の赤い顔料。印度ベンガル産から。〜格子
京間	キョーマ　（建）一間を六尺五寸とする。類語；田舎間（江戸間）は六尺。
九尺二間	クシャクニケン　×キューシャクニケン。間口九尺奥行二間の狭い家の意。〜の長屋暮らし
行燈	①アンドン②アンドー　×コートー。灯火を灯す道具。昼〜（うつけもの）
雪洞（照明器具）	ボンボリ　雛飾りにある。行灯（アンドン）、手燭（テショク）、龕灯（ガンドー）、提灯も照明器具。セツドーは雪に掘った横穴。
曲物	マゲモノ　木材を蒸気などで曲げて作った器物。〜細工
筧	カケイ（カケヒ）　竹の節を抜いて作った水樋。〜の水

暮らしの中の難読語

円窓	マルマド ×エンマド。 円形の窓。エンソーとも。
築地(〜塀)	ツイジ 泥で作った垣。〜塀。東京の卸売市場の地名はツキジ。
唐紙(2通りの読み)	カラカミ、トーシ カラカミ…建具（ふすま）。トーシ…中国風美術用紙。
渋紙	①シブカミ②シブガミ 和紙を貼り合わせて柿渋を塗った丈夫な紙。包装紙や敷物に使う。
大門(2通りの読み)	オーモン、ダイモン オーモン…城や遊廓の門。吉原の〜 ダイモン…大きな門(特に寺の正門)。芝の〜
花街	カガイ 遊郭のある区域。歌謡曲ではハナマチと言うことも。
新地(2通りの読み)	シンチ、サラチ シンチ…新開地（遊里）。サラチ…更地。すぐに家を建てられる土地。
花魁(華魁)	オイラン （遊郭で）遊女の高位の女性。
八文字	ハチモンジ ×ハチモジ。 遊女が道中するときの歩き方。〜を踏む

苦界	**クガイ** ×クカイ。 遊女の辛い世界を主に言う。苦の多い世界。現世。〜に身を沈める
お旅所	**オタビショ** 神輿（ミコシ）が渡御して仮にとどまる所。
旅籠	**ハタゴ** 旅館。〜に泊まる
手甲	**テッコー** 手にはめる保護具の一種。〜脚絆
脚絆	**キャハン** 旅行するときなどに歩き易くするため足の脛（スネ）に巻く布。手甲脚絆
弥次喜多	**①ヤジキタ②ヤジキダ** 気軽で愉快な旅行。滑稽な2人組。
鏡開き	**カガミビラキ** 1月11日に鏡餅を割る行事。最近は四斗樽の鏡を抜くことにも使われるが、「四斗樽の鏡を開く」などが望ましい。
神楽	**カグラ** ×シンガク。 神事に演奏する音楽。〜を舞う巫女
書初	**カキゾメ** 年の始めに書道の上達を祈る。

暮らしの中の難読語

独楽	コマ　まわして遊ぶおもちゃ。〜回し松井源水
角乗り	カクノリ　木場で水上の材木を足で操る伝統芸。
大原女	オハラメ（オーハラメ）　京都で頭の上に物をのせ売る女。〜の風俗
国手	コクシュ　医者を敬っていう語。囲碁の名人。あの先生は〜だ
経師屋	キョージヤ　書画屏風を表装する職人。〜さん
大経師	ダイキョージ　×ダイキョーシ。　表具師の異称。
香具師	ヤシ　×コーグシ。　テキ屋。縁日祭礼に店を出す人。〜の口上
瞽女	ゴゼ　×ゴゼン。　盲目の女芸人。
座頭（2通りの読み）	ザガシラ、ザトー　ザガシラ…一座の長。ザトー…僧形をして語り物をしたり、あんまなどを生業とした盲人（使用注意）。琵琶法師の官位、検校。

鵜飼い	**ウカイ** ×ウガイ。 ウミウを使ってする川漁。長良川の〜
鵜匠	**ウショー、ウジョー** 鵜飼いで鵜を操る人。
鷹匠	**タカジョー** ×タカショー。 鷹を扱う職人。鵜匠〜
仕舞屋	**シモタヤ** ×シマイヤ。 商家以外の普通の家。〜が並ぶ
塗師	**ヌシ** ぬっし、ぬりし、も可。漆器職人。
湯女	**ユナ** ×ユオンナ。 温泉、浴場で働く女性。〜もいた
大夫（4通りの読み）	**タイフ、ダイブ、タユー、ダユー**（表記に「太夫」もあるので注意）タイフ…大名の家老など。ダイブ…「東宮大夫」。タユー・ダユー…女形の敬称、最高位の遊女など。場面により読みは要確認。
お店者	**オタナモノ** ×オミセモノ。 商店の奉公人の古い言い方。
丁稚	**デッチ** 商家の年若の従業員。〜奉公

暮らしの中の難読語

下知	①ゲジ ②ゲチ　命令する。さしず。家来に〜する
成敗	セーバイ　処罰すること。喧嘩両〜
助太刀	スケダチ　加勢をすること。敵討ちの〜をする
一口（刀剣の助数詞）	ヒトフリ　刀剣1本。一振とも。〜の刀
竹刀	シナイ　竹で作った練習用の剣。チクトーは別。〜を持って練習
匕首	アイクチ　つばの無い短刀。
九寸五分	クスンゴブ　×キュースンゴブ。　短刀。〜を身につけて
仁侠	ニンキョー　×ジンキョー。　弱きを助け強きを挫（クジ）く男だて。〜道
博徒	バクト　ばくちうち。緋牡丹〜

科人	**トガニン** ×カジン、×カニン。 罪人。〜の身でありながら
酒手	**サカテ** 酒の代金。チップ。
酒代	**サカテ、サカダイ** 酒の代金。チップ。〜をねだる雲助　サカシロとも。
頭(人形の〜)	**カシラ** ×アタマ。人形浄瑠璃の首から上の部分。首とも。
片抜き手	**カタヌキテ、カタヌキデ** 古式泳法の一つ。
抜き手	**ヌキテ（ヌキデ）** 古式泳法の一つ、水面に抜き上げるように手をあげ水をかく。
古渡り	**コワタリ** ×フルワタリ。 室町時代以前に外国から入ったもの。〜の道具
七宝焼き	**シッポーヤキ** ×シチホーヤキ。 釉薬を付け焼き上げた装飾。〜の教室
象嵌	**ゾーガン** 工芸の手法。模様を刻んで金銀などで埋める。〜細工

暮らしの中の難読語

竹工芸	タケコーゲー ×チクコーゲー。 竹を使って作られた実用品、美術品。
袖珍本	シューチンボン 小型本。
算盤	ソロバン 計算機。勘定。〜を入れる、〜を弾く
提灯	チョーチン 照明具。〜を提げる
殺陣	タテ ×サツジン。 芝居のちゃんばら。〜をつける、〜師
紋日	モンビ 物日、祝日、縁日。〜の祝い
地鎮祭	ジチンサイ ×ジジンサイ。 新築する時に地の神を鎮める祭り。〜を執り行う
祭文（2通りの読み）	サイモン（芸能）、サイブン（神事） サイモン…芸能の一種。〜語り。 サイブン…神に申す言葉。〜を奏上
山車	ダシ 祭礼のときに出る飾り車。〜も出て大賑わい

追儺	**ツイナ** 悪鬼を追払う儀式。
出初め式	**デゾメシキ** ×デソメシキ、×デハジメシキ。 消防の年初の儀式。
初音	**ハツネ** 新春初めての鳴き声。うぐいすの〜
法被	**ハッピ** 職人などが着物の上に着る短衣。多くは背中に屋号などを染め出す。しるしばんてん。
稗史	**ハイシ** ×ヒシ。 史話。小説。民間の歴史。
陳者	**ノブレバ** ×チンシャ。 古い手紙の書き方の書き出し。「申し上げますが、さて…」の意。〜拙者
奉加帳	**ホーガチョー** 祝いや寄付の金を寄せた人名を記した帳面。〜をまわす
馬手(右手)	**メテ** 右手、馬の手綱をとるから。〜に太刀をかざし
弓手	**ユンデ** ×ユミテ。 左手。〜にたずなを持ち

暮らしの中の難読語

悪手(2通りの読み)	アクシュ、アシデ　アクシュ…碁、将棋で不適切な悪い手。アシデ…悪筆、下手な書。
桂馬	ケーマ　×ケーバ。　将棋の駒の一つ。
九段	クダン　×キューダン。　囲碁、将棋、柔道、剣道などの段位。地名。
定跡	ジョーセキ　将棋の定型戦法。～に則った布陣
定石	ジョーセキ　碁の定型戦法。～無視の戦法
定席	ジョーセキ　決まった席。常設の寄席。～に座る
新手(2通りの読み)	シンテ、アラテ　シンテ…囲碁などの新着手。新しい方法。アラテ…新規の勢力。～を考案
井(聖)目	セーモク　囲碁で、碁盤にしるした九つの黒点。
先番	センバン　×サキバン。　先にする番に当たること。碁、将棋の対局で先手。

中押し勝ち	**チューオシガチ** ×ナカオシ〜。 囲碁で圧倒的な差で勝つこと。名人の〜
手合い	**テアイ** 囲碁の対戦。「日本棋院手合い」。一般にはテアワセ。なお、将棋の場合は「対局」。あんな〜（同類の人やもの）
細雪	**ササメユキ** ×ホソユキ。 細かに降る雪。谷崎潤一郎の作品。〜が降る
蒼氓	**ソーボー** ×ソーミン、×ソーモー。 石川達三第1回芥川賞作品。人民、たみくさの意。
二十四の瞳	**ニジューシノヒトミ** ×ニジューヨンノ〜。壺井栄の小説。映画名。
白鯨	**ハクゲイ** 小説名 Moby Dick。(H.Melville 著)。
伎楽	**ギガク** ×キガク。 呉の国から伝わったとされる舞楽。〜面
傀儡師	**クグツシ** カイライ参照。清元は「カイライシ」。
信楽焼	**シガラキヤキ** ×シンラクヤキ。 タヌキの焼き物で知られる。〜は滋賀の名産

暮らしの中の難読語

轆轤	ロクロ　粘土細工に使う道具。～で壺を作る
塑像	ソゾー　粘土で作った像。～と乾漆像
半眼（仏像などの）	ハンガン　×ハンメ。　半目開き。眼を～に閉じる
磨崖仏	マガイブツ　×マガイボトケ。　石の崖などに彫った仏像。
立像（2通りの読み）	リツゾー、リューゾー　リツゾー…座像、半跏像などに対して。西洋彫刻など。リューゾー…仏像などの多くで固有名詞として使用。個別に要確認。
四神	シジン　東西南北をつかさどる、青龍、白虎、朱雀、玄武の四方神。～剣
朱雀（3通りの読み）	シュジャク、シュザク、スザク　四神の一つ。南方神。朱雀大路はスザクオージ。
青竜	セーリュー　△セイリョー。　四神の一つ。東方神。
白虎	ビャッコ　四神の一つ。西方守護神～と朱雀

曲玉(勾玉)	**マガタマ** ×キョクダマ。 ガラスで作った古代装飾品の一つ。古墳から発掘した〜
三十路	**ミソジ** ×サンジュージ。 30歳。〜に入って
古希(古稀)	**コキ** 70歳の目出度い誕生日（人生七十古来希ナリ）。〜の祝い
喜寿	**キジュ** 77歳の御祝い。喜の草書体が七十七に見えることから。〜の祝いと米寿の祝い
傘寿	**サンジュ** 80歳の祝い。八+十で傘の略字になるから。〜の祝い
米寿	**ベージュ** 88歳の祝い。八十八で米の字になるから。〜の祝い
卒寿	**ソツジュ** 90歳の祝い。九と十で卆の字になるからという。
白寿	**ハクジュ** 99歳の祝い。百に一足りないことから。
夫婦	①**メオト** ②**ミョート** （フーフが一般的）。

刀自	**トジ** ×トージ。　一家の主婦。年輩の婦人の尊称。
末弟	**バッテー**　末の弟。これが〜です
赤子 (2通りの読み)	**アカゴ、セキシ**　赤ん坊。(セキシは天子を親にたとえ人民を指す場合も)。
乳呑み児	**チノミゴ**　×チチノミゴ。　まだ乳を必要とする時期の幼児。
乳離れ	**チバナレ**　△チチバナレ。　乳児が離乳すること。〜もしない赤子
添え乳	**ソエヂ**　×ソエチチ　乳児に添い寝して乳を飲ませること。
初孫 (2通りの読み)	**ウイマゴ、ハツマゴ**　初めての孫。抵抗感のある人も多いので「初めての孫」を使ってはどうか。ウイマゴは古風な言い方。
初産	**ショサン、ショザン**　医学用語として。一般にはウイザン。
出生	**シュッショー**　△シュッセー。〜届、〜地

産湯	**ウブユ** ×サンユ。　生まれてはじめてさせる入浴。～を使う
祝儀	**シューギ**　祝いの儀式。祝いの金品。御～を包む
不祝儀	**ブシューギ** ×フシューギ。　弔い事。祝儀～
重湯	**オモユ** ×ジューユ。　お粥の水分。～を病人に飲ます
曽孫	**ヒマゴ** ×ソーマゴ。　孫の子。～まで4代揃う
末裔	**マツエー**　子孫。源氏の～
仲人	**ナコード**　新しく夫婦になる男女の縁結びをする人。
釣書	**ツリガキ** ×ツリショ。　見合いなどに使う履歴書系図。系図。～をみる　放送では使用注意。
許嫁	**イーナズケ**　婚約者。許婚とも。～は16歳

暮らしの中の難読語

| 祝言 | シューゲン　結婚式。祝辞。〜を挙げる |

| 熨斗 | ノシ　進物につける飾り。〜を付けてやる |

| 貼付 | チョーフ（テンプ）　貼り付けること。（テンプは慣用読み）。証票を〜する |

| 所帯 | ショタイ　世帯はセタイ。〜を持つ、男〜 |

| 世帯 | セタイ　家庭の単位（ショタイは×）。 |

| 抄本 | ショーホン　謄本の部分コピー。抜書きした本。戸籍〜 |

| 愛娘 | マナムスメ　かわいがって育てている娘。〜を紹介される |

| 三行半 | ミクダリハン　×サンギョーハン。離縁状。（三下り半とも）。〜を突きつける |

| 玄孫 | ヤシャゴ　曽孫（ヒマゴ）の子。〜にまで恵まれる |

継子	**ママコ、ママッコ** ×ツギコ。 義理の子ども。継母（ママハハ）。〜いじめ
里子	**サトゴ** ×サトコ。 よそに預けて育ててもらう子（放送では、人間以外には使わない）。
母系	**ボケー** 母親方の系統。〜国家、〜社会
姻戚	**インセキ** 婚姻によってできた親戚。〜関係
遺言	**ユイゴン** 一般用語。法律家の中にはイゴンという人も。放送では「ユイゴン」とする。
愁傷	**シューショー** 嘆き悲しむこと。御〜さま
逝去	**セーキョ** 死ぬこと。〜された
生年○○(歳)	**ショーネン** 生まれてから経過した年。
生年月日	**セーネン（ガッピ）** 生まれた年。〜月日

暮らしの中の難読語

店子	タナコ　借家人。長屋の〜
朋輩	ホーバイ　仲間、同僚。
躾	シツケ　家庭での礼儀作法の教え。〜が良い
扱(扱き)	シゴキ　1.厳しく鍛練すること。〜に耐える　2.帯の一種。
御曹司(子)	オンゾーシ　他家の息子の尊称。
質種(質草)	シチグサ　質に入れる品物。〜もない赤貧(セキヒン)
大人・中人・小人	ダイニン・チューニン・ショーニン　浴場・遊園地・展示館等で料金区分に使う。区分はまちまちなので言い添えをする。中学生以上の大人は300円…など。
家並	ヤナミ、イエナミ　家が並んでいること。その並び方。
茅(萱) (〜葺き屋根)	カヤ　屋根の材料。〜ぶき屋根

葦簾・葦簀	**ヨシズ** 葦で編んだすだれ。～張りの小屋
長押	**ナゲシ** 柱と柱をつなぐ横材。～に架かる槍一本
三和土	**タタキ** ×サンワド、×ミワド。土間などに使う簡易モルタル。玄関は～になっている
抽斗	**ヒキダシ**（引き出し、抽出などの表記も）。～を開ける
丹塗り	**ニヌリ** ×タンヌリ。赤い顔料で塗る。～の柱
唐紙 (2通りの読みで)	**トーシ、カラカミ** トーシ…中国製書画用紙。カラカミ…建具（ふすま）。
屏風	**ビョーブ** ついたて。数え方は一対は双（ソー）、半双は隻（セキ）。～を立てる
建具	**タテグ** ふすま障子など。～に凝る
開け閉て	**アケタテ** 開けたり閉めたり。戸障子の～

暮らしの中の難読語

炬燵	コタツ　暖房器の一つ。〜にあたる
厨芥	チューカイ　台所からでる生ゴミ。〜処理
納戸	ナンド　屋内の物置。〜はがらくたで一杯
納屋	ナヤ　物置小屋。〜にはわら束があった
頭陀袋	ズダブクロ　何でも入れられる雑嚢。乞食（コツジキ）修行の僧が首にかける袋。〜を下げて
燐寸	マッチ　match。発火器具。〜一本火事のもと
火口 （ガスコンロの〜）	ヒグチ　点火するための口。火山の〜はカコー。
炭団	タドン　炭の粉を丸く成形した燃料。アンカに〜を入れる
行火	アンカ　暖房器の一つ。〜で暖をとる

温石	**オンジャク** ×オンセキ。 石を温め暖房器に使う。
黒炭 (暖房用などの)	**クロズミ** ×コクタン。 コクタンは別の瀝青炭(石炭の一)。白炭はシロズミ(シラズミ)。
松脂	**マツヤニ** 松の樹脂。~を塗る
剃刀	**カミソリ** 刃の薄い刃物。髭そりに使う。利発すぎる人。合わせ~
束子	**タワシ** しゅろなどを束ねた水回りの掃除用具。~でこする
団扇	**ウチワ** 風を起こす道具。~で扇ぐ
什器	**ジューキ** 日常の家具、器具。
合羽	**カッパ** あまがっぱ。~からげて三度笠
地下足袋	**ジカタビ** ×チカタビ。 ゴム底付きの労働用足袋。直に地を歩くから。~ばき

暮らしの中の難読語

草履	ゾーリ 藁や藺(イ)で編み緒をすげた履物。
蚊帳	カヤ 蚊を防ぐ道具。雷にもよい。
竹馬	タケウマ 竹で作った遊具の一つ。竹馬の友は「チクバ」。
約定	ヤクジョー ×ヤクテー。 契約、取り決め。〜を交わす
書留	カキトメ ×カキドメ。 郵便物の安全な送達を保証するための特殊取り扱いのひとつ。他に、文字で書き残しておくこと。
不一	フイチ フイツとも。手紙の末尾に添え自分の気持ちを書き尽くしていない意を表す。
紙縒	コヨリ 紙で作ったひも状のもの。〜細工
三方 (2通りの意味で)	①サンボー②サンポー 三つの方向（方角）。神饌を載せる敷台は、サンボーのみ。
夜宮	ヨミヤ ×ヨイミヤ。 一般的には夜宮だが地方によっては宵宮(ヨイミヤ)もあり。

年中行事	①ネンジューギョージ ②ネンチューギョージ　毎年一定の時期に慣例として行われる行事。
宵宮	ヨイミヤ　×ヨミヤ。　一般的には夜宮だが地方によっては宵宮（ヨイミヤ）もあり。
火男	ヒョットコ　ヒオトコの転→ひょっとこ。
放生会	ホージョーエ　功徳のため生き物を放す祭り。福岡ではホージョーヤ。秋の〜
精霊船	ショーリョーブネ、セーレーセン　盆の終わりに先祖の霊を送るのに使う、麦わらなどで作った舟。読みは地域により要確認。
紅葉狩り	モミジガリ　×コーヨーガリ。　山野に紅葉を訪ねて観賞すること。
白面（で歌いまくる）	シラフ　酒を飲んでいない。白面（ハクメン）の貴公子は、年少で経験に乏しい形容。
定宿（常宿）	ジョーヤド　×テーシュク。　いつも使う宿屋。
梱包	コンポー　荷造りをすること。段ボールで〜する

暮らしの中の難読語

草鞋	ワラジ　藁で作り藁緒を後ろで結ぶ履物。〜ばきで歩く
懐中物	カイチューモノ　懐に入れてある貴重品など。
着替える	①キガエル②キカエル　伝統的にはキカエルだが、現代ではキガエルが主。
着替え	キガエ　×キカエ。　替えるために用意した着るもの。
案山子	カカシ　×カガシ。　作物を荒らす鳥獣を脅すために、田畑にたてる人形。
大吉	ダイキチ　運勢が非常によいこと。
吉日	キチニチ、キチジツ、キツジツ　縁起のよい日。めでたい日柄。大安〜
茶飯事	サハンジ　ありふれた事柄。日常〜
前栽	センザイ　庭の植え込み。庭の〜

盛花	モリバナ ×セーカ。 口の広い花器に花を盛って飾ったもの。～を供える
舌代	ゼツダイ ×シタダイ。 口上の代わりに書いた簡単な文。値段表などの初めに書いておくことも。～を掲げる
本絹	ホンケン ×ホンギヌ。 絹100％。～生地
絣(飛白)	カスリ 飛び飛びに白い模様が有る藍染。～の着物
鹿の子	カノコ ×シカノコ。 鹿の子ども。まだら模様のたとえの一つ。～絞り
伸子張り	シンシバリ ×ノブコバリ。 和服の洗い張り、染色のときに布をぴんと張って縮まないようにする方法。～をする
綴織	ツヅレオリ きめ細かい絹の厚織。～の布
襦袢	①ジュバン②ジバン 和服用の肌着。汗～、長～、肉～も同じ
二重回し	ニジューマワシ ×フタエマワシ。 男性用の和装防寒コート。

暮らしの中の難読語

単衣	**ヒトエ** 夏物の和服。裏が付いていない。対義語；袷（アワセ）。〜に替える
着尺	**キジャク** ×キシャク。 大人用の着物が作れる幅と長さがある生地・羽尺(ハジャク)。
緞子	**ドンス** 光沢の有る絹紋織物。金襴〜
捺染	**ナッセン** ×ナセン。 染め判で型押しする染め物。〜の布地
畳紙	**タトーガミ（タトーシ）** ×タタミガミ。和服を包む紙。着物を〜にしまう
濃紫	**コムラサキ** ×コイムラサキ。 濃い紫色。〜の袴
紺青	**コンジョー** ×コンセイ。 鮮やかな藍色。〜色
産着(衣)	**ウブギ** ×サンギ。 赤ん坊に着せる着物。初着とも。〜を用意する
一羽（鳥などの数え方）	**イチワ** ×イッパ。 以下、数字の発音用例は、巻末のふろく「数詞の読み方」も参照。

一階	**イッカイ** ×イチカイ。 二階以上の建物で地上で一番低い階。
一対	**イッツイ** ×イッタイ。 二個で一組。〜のロウソク
一に	**イツニ** ×イチニ。 ひとえに（なるべく言い換える）。〜かかって、心を〜
九段 (2通りの読み)	**キューダン、クダン** 階段など一般的な読みはキューダン。書道・柔道などの段位はクダン。
三階	**サンガイ** ×サンカイ。 四階はヨンカイ。〜は洋服売場
三軒	**サンゲン** ×サンケン。 数え方については巻末のふろくも参照。
三羽	**サンバ** △サンワ。 数え方については巻末のふろくも参照。
三敗	**サンパイ** ×サンハイ。 数え方については巻末のふろくも参照。
七重の塔	**シチジューノトー** ×ナナジュー〜、×ナナエ〜。 七段重なった塔。

暮らしの中の難読語

七分咲き	シチブザキ　×ナナブザキ。　満開を基準にすると、10分の7くらいの咲き具合。
四半期	シハンキ　1年の4分の1の期間。第四四半期（ダイヨンシハンキ）
四半世紀	シハンセイキ　25年。1/4世紀。～にわたって
七日	①ナノカ②ナヌカ　両用認める。
二世	ニセ、ニセー　ニセ…現代と来世。二世のちぎり　ニセー…二代目。日系二世（ニセー）
八階	ハチカイ（ハッカイ）　数え方については巻末のふろくも参照。
八分	ハチフン（ハップン）　数え方については巻末のふろくも参照。
四人乗り	ヨニンノリ　×シニンノリ。　数え方については巻末のふろくも参照。
四重唱	シジューショー　×ヨンジューショー。四声で歌う。～の曲

四重奏	シジューソー ×ヨンジューソー。 カルテット。七重奏(シチジューソー)。弦楽〜
四部合唱	シブガッショー ×ヨンブ〜。 四声による合唱。〜曲
四分の四拍子	シブンノシビョーシ、シブンノヨンビョーシ ×ヨンブンノ。 音楽用語ではシブンノ○○

もっと知りたい　紅葉狩り

紅葉を見て楽しむことを「紅葉狩り(もみじがり)」と言いますが、なぜ狩猟でもないのに「狩り」というのでしょう。「狩り」は大昔から「鹿狩り」、「鷹狩り」など山野に入って鳥や獣をとらえる猟の言葉として使われていました。

また一方で、万葉集に「薬狩り」とあり、山野に入って薬草などを取ることも既に「狩り」と使っていたことがわかります。もともと紅葉狩りのはじまりは、狩猟のために山野に入った人が、自然の美しさに目を奪われ、歩き回ったことから始まったようですので、紅葉を観賞することにも同じように狩りを使ったのでしょう。

ところで、紅葉の楽しみについて歌った「秋山の　木の葉を見ては　黄葉(もみじ)をば　取りてそしのふ(偲ぶ)　青きをば　置きてそ歎く……」という歌があります。万葉の時代は黄色い葉のもみじが好まれ、「紅葉」ではなく「黄葉」という字が多く使われていますが、そのころは、もみじも手にとって観賞したようですね。

さらに、春には「桜狩り」もあり、平安時代に作られた和歌にも「見てのみや人に語らむ櫻花　手毎(てごと)に折りて家づとにせむ」と、枝を折って持ち帰ったことがわかります。昔は自然の美しさを家に持ち込みたいという気持ちが強かったようです。

さて今、紅葉狩りというと、どこか山や少し離れたところに紅葉を見に行くことを言いますよね。昔も今も、山野に出かけることが、まず重要だったといえるかもしれません。現代では「さくらんぼ狩り」「なし狩り」などにも「狩り」という言葉を使います。「狩り」という言葉が持つイメージは時代と共に変化していったようですね。

暮らしの中の難読語

もっと知りたい　熨斗

結婚式などのお祝い事の際に、お祝い金を入れる袋を「熨斗袋(のしぶくろ)」と言いますが、「熨斗」って何でしょうか？　「熨斗」とは「熨斗アワビ」の略称で、「貝のアワビを伸ばした物」のことなのです。え？　どこにアワビが？　袋の右上の飾りにご注目。紙に包まれた黄色い物がありますね。これが「熨斗アワビ」すなわち「熨斗」を表しているのです。「熨斗アワビ」は、生のアワビを専用の刃物で外側からひも状に細長くそいだものを、天日に干して、たたくように伸ばして仕上げます。古代から、保存食にするほか、伊勢神宮への御供え物として用いられてきたのですが、室町時代ころから祝儀の贈答品としても重宝されるようになり、江戸時代にはその細片を紙に包み、縁起物として贈り物に添える形に変わっていきました。アワビは、秦の始皇帝が「不老長寿の妙薬」として求めたという伝説があるほど、古くから珍重されてきたのですね。

現在の「熨斗袋」は簡略化された物が一般的。黄色い細長い紙が包まれている物や、印刷されただけの物、「のし」と平仮名で書かれた物もあります。それでも、「熨斗」は「伸ばす」に通じるため、縁起物として今に引き継がれているのです。

さて、「熨斗袋」に欠かせないのが「水引」。これは、細いこよりに糊水(のりみず)を塗って干し固めた紙ひものこと。その語源は、糊水を引く(＝塗る)ことから「水引」、また、着色した水に浸して引きながら染めるから「水引」とも言われています。結び方にも意味があり、ほどきやすい「蝶結び」は「何度も繰り返して欲しい」ということから、出産祝、入学祝などに用い、かた結びでほどきにくい「結び切り」は「二度と繰り返さない」ということから、結婚祝、全快祝などに用います。結婚式には「結び切り」の「熨斗袋」を使うのがルール。覚えておきましょう。

Section 17

難読の熟語・慣用句 211

一衣帯水	**イチ・イタイスイ** ×イチイ・タイスイ。二つの間が非常に近いこと。中国日本は～
一言居士	**イチゲンコジ** 何事もひとこと言わないと気が済まない人。
一言半句	**イチゴンハンク** ほんの少しのことば。
一期一会	**イチゴイチエ** ×イッキイッカイ。一生に一度限りのこと。(茶道から)。～の出会いを大切に

熟語・慣用句

一日千秋	**イチジツセンシュー、イチニチセンシュー** 待ち遠しいこと。〜の思い
一日の長	**イチジツノチョー** ×イチニチノチョー。わずかでも経験が深いこと。〜がある
一汁一菜	**イチジューイッサイ** ×イチジルイッサイ。おかずが汁椀一つと一つの菜だけの食事。
一段落	**イチダンラク** ×ヒトダンラク。 ひとまず。一つの区切り。〜つく
一念発起	**イチネンホッキ** ×イチネンハッキ。 あることを成し遂げようと決心すること。
一家言	**イッカゲン** ×イチカゲン。 その人独自の意見や主張。
一生懸命	**イッショーケンメー** （一般的）一所懸命の転。〜走る
一所懸命	**イッショケンメー** 賜った一箇所の領地を生命にかけて生活の頼みとすること。
一世一代	**イッセイチダイ、イッセ・イチダイ** ×イッセイイチダイ。 一生のうち。生涯ただ一度。〜の大芝居

一石二鳥	**イッセキニチョー** ×イッコクニチョー。一つの行動で二つの良い結果をえること。〜の企画
一足飛び	**イッソクトビ** ×ヒトアシトビ・ヒトットビ。両足をそろえて飛ぶ。一気に飛び越えること。〜の昇進
一朝一夕	**イッチョーイッセキ** ×イッチョーイチユー。わずかな期間。〜には完成できない
一頭地を抜く	**イットーチ・ヲヌク** ×イットー・チヲヌク。他より一段すぐれていること。一頭地の地は漢文で使われる助辞。〜を抜いた出来栄え
一敗地に塗れる	**イッパイ・チニマミレル** ×チニヌレル。二度と立ち直れないほど手ひどく敗ける。
意味深長	**イミシンチョー** 文章言動などの意味が深いさま。言外に別の意味があること。×意味慎重。
因循姑息	**インジュンコソク** 古い習わしにこだわり一時逃れの方法を探すこと。
音信不通	**オンシンフツー** 伝統的にはインシンフツー。便りが無く、生死不明。〜だった兄が現れた
有為転変	**ウイテンペン** 世の中はいつも移り変わるということ。〜は世のならい

熟語・慣用句

紆余曲折	ウヨキョクセツ　曲がりくねった複雑な道、事情。〜の末実現した
傍(岡)目八目	オカメハチモク　第三者には当事者より真相が見えること。
小田原評定	オダワラヒョージョー　×〜ヒョーテイ。いつまでも物事が進まない会議。〜にうんざり
汚名返上	オメーヘンジョー　汚名挽回は間違い。挽回すべきは名誉。
乳母日傘	オンバヒガサ　×ウバヒガサ。　乳母に抱かれ、日傘をかざして大事に育てられること。オンバヒカラカサとも言う。〜で育てられる
隔靴掻痒	カッカソーヨー　物事の不徹底なもどかしさ。〜の感あり
金の草鞋	カネノワラジ　×キンノワラジ。　鉄で出来た草鞋（goldではない）。「〜で尋ねる」は根気強く探し回ること。
髪結いの亭主	①カミユイノテーシュ②カミイーノテーシュ　妻の働きで養われている夫。カミイーは古い発音。
空念仏	カラネンブツ、ソラネンブツ　カラネンブツ…実行の伴わない主張。ソラネンブツ…信仰心なしの口先だけの念仏。

画竜点睛	ガリョーテンセイ　竜の絵に最後に瞳(睛)を書き入れる。総仕上げ。〜を欠く
侃々諤々	カンカンガクガク　×ケンケンガクガク。正しいことを堂々主張するさま。大いに議論し合う様子。
喧々囂々	ケンケンゴーゴー　やかましいさま。〜たる非難
艱難辛苦	カンナンシンク　苦しく難儀で辛いこと。〜のすえ完成
完璧	カンペキ　×完璧。完全に。否定表現としては使わない。×〜に間違った。
旗幟鮮明	キシセンメー　×キショクセンメー。自分の立場態度をはっきりさせる。〜にする
鳩首会談	キューシュカイダン　人々が集まって額を寄せて相談する。古くは鳩首凝議(ギョーギ)。〜してもだめ
金字塔	キンジトー　×コンジトー。ピラミッドのこと。偉大な功績。〜を打ち立てる
金城湯池	キンジョートーチ　×コンジョー〜。堅固な城と堀。保守党の〜

熟語・慣用句

食道楽	クイドーラク　食通（ショクツー）。
狷介	ケンカイ　自分の意見に固執すること。〜孤高
捲土重来	①ケンドジューライ②ケンドチョーライ　一度失敗したものが再び勢力を盛り返す。〜を期す
絢爛	ケンラン　×ジュンラン。　華やかで美しい。〜豪華
眩惑	ゲンワク　目が眩（クラ）んで迷う。強烈な光に〜される
虎視眈々	コシタンタン　虎のように鋭い目で形勢をうかがう。
古色蒼然	コショクソーゼン　×コシキソーゼン。いかにも古びている。〜たる家
骨柄	コツガラ　×ホネガラ。　人柄。風采。（体つき）。人品〜
糊塗	コト　一時のごまかし。

五里霧中	**ゴリムチュー** 濃い霧の中で方角が判らない。五里霧（ゴリム）の中。ゴリ・ムチューと発音するのは誤り。
混淆	**コンコー** 入り交じる。玉石〜
言語道断	**ゴンゴドーダン** ×ゲンゴ〜。 もってのほか。〜の行い
金色燦然	**コンジキサンゼン** ×キンイロサンゼン。古色蒼然と混同しないこと。
再三再四	**サイサンサイシ** なんどもなんども。〜返済をせまる
左顧右眄	**サコウベン** 周囲の形勢ばかりをうかがって決断をためらうこと。右顧左眄もある。
座右	**ザユー** ×ザウ。 いつも身の回りにある。〜の銘
三拝九拝	**サンパイキューハイ** ×サンパイクハイ。何度もお辞儀をすること。三拝の礼と九拝の礼。
自家撞着	**ジカドーチャク** 同一人の言動に食い違いがある。〜に陥る

熟語・慣用句

時期尚早	ジキショーソー ×ジキソーショー。まだその機会ではないこと。まだそれは〜だ
自業自得	ジゴージトク 自分でした悪事の報いを自分で受けること。
時々刻々	ジジコッコク ×トキドキコクコク。時刻を追って。次第次第に。
七転八倒	①シッテンバットー ②シチテンバットー 転げ回るほどの苦しみ。
秋霜烈日	シューソーレツジツ 刑罰、権威が厳しいさま。
十年一日	ジューネンイチジツ 長い年月一つも変わらず。〜の如く進歩がない
主客転倒	シュカクテントー 主人と客の立場が逆。重要視する事を違えること。
取捨選択	シュシャセンタク 良いのを選び悪いのを捨てること。
順風満帆	ジュンプーマンパン ×〜マンポ。追い風を帆一杯に受け航海すること。順調に事が進むこと。「マンポ」は誤り。

熟語	読み・意味
上意下達	ジョーイカタツ ×ジョーイゲタツ。 主君・上位者の考えを下に知らしめる。
枝葉末節	ショーマッセツ 大切ではない事柄。
而立	ジリツ 30歳の異称（論語の記述。三十にして立つ、から）。～を迎え
四六時中	シロクジチュー いつもいつも。
箴言	シンゲン ×カンゲン。 戒めの短いことば。カンゲンは諫言で、目上の人をいさめることばのこと。パスカルの～
人品骨柄	ジンピンコツガラ 品位、ひととなり。～いやしからぬ人物
脆弱	ゼージャク ×キジャク。 もろくて弱い。～な点は改善する
切磋琢磨	セッサタクマ 学問・技芸などを磨き上げること。互いに励まし合って努力すること。
浅学菲才	センガクヒサイ 学問が浅く才能が無い（自分を謙遜して言う）。～の私ですが

熟語・慣用句

千言万語	センゲンバンゴ　×センゲンマンゴ。　多くのことば。〜を費やす
千載一遇	センザイイチグー　千年に一度あるかないかの絶好の機会。〜のチャンス
千差万別	センサバンベツ　極めて多くの差異があること。人は〜
千変万化	センペンバンカ　×センベンマンカ。　さまざまに変化すること。
千万無量	センマンムリョー　×センバンムリョー。数が多くて計り知れない形容。
悪口雑言	アッコーゾーゴン　さんざんに悪口を言うこと。罵詈雑言。
駘蕩	タイトー　のどかな様子。春風〜
多士済々	タシセーセー　×タシサイサイ。　優れた人材が多く集まっていること。
竹馬の友	チクバノトモ　幼なじみのこと。

知悉	チシツ　よく知ること。内容を〜する
通年施行	ツーネンセコー　×ツーネンシコー。　農業関係用語。
土一升金一升	ツチイッショーカネイッショー　土地の価格の高い形容。
津々浦々	①ツツウラウラ②ツヅウラウラ　至る所の津や浦。あまねく全国。両用を認める。
伝手	ツテ　何らかの関係で物事の仲介者になれる人。〜を求めて
出端	①デハナ②デバナ　出ようとしたとき。物事を始めてすぐ。「出はなをくじく」。ただし「出端を失う」はデハをうしなう。
手練手管	テレンテクダ　たらしこむあれこれの手段、振舞。〜を使う
天地無用	テンチムヨー　上下逆さまにしてはいけない。〜の札を貼る
天稟	テンピン　天から授かった資質。優れた〜を持つ

熟語・慣用句

掉尾	トービ ×チョービ。 ことの終わり。正しくはチョービだが誤用が定着。〜を飾る
登竜門	トーリューモン ×トリューモン。 鯉が竜になれる場所。新人が大物になる関門。新人の〜
独壇場	ドクダンジョー 本来は独擅場（ドクセンジョー、字の違い）。独り舞台。彼の〜だった
七光り	ナナヒカリ ×シチヒカリ。 主人や親の威光が強いこと。親の〜
日常茶飯事	ニチジョーサハンジ ×ニチジョーチャメシゴト。 ありふれたこと。そんなのは〜だ
二八月	ニッパチヅキ ×ニハチヅキ。 景気の悪い月。（二八蕎麦はニハチ〜）。
白砂青松	ハクシャセーショー（ハクサセーショー） 白い砂と緑の松、美しい風景。〜の地
餞	ハナムケ 送別の言葉。「新入社員に〜の言葉」は×。卒業生に〜の言葉
左団扇	ヒダリウチワ 安楽な生活を送ること。

熟語	読み・意味
他人事	ヒトゴト ×タニンゴト。 自分に関係のないこと。NHK表記「ひと事」。〜ではない
人魂	ヒトダマ 夜間空中を飛ぶ青白い火。人の魂といわれる。〜が飛ぶ
誹謗	ヒボー 悪口をいうこと。〜中傷
弥縫策	ビホーサク 取繕う策。
表裏一体	ヒョーリイッタイ 異なった側面はあっても中身は同じ。それとこれとは〜だ
疲労困憊	ヒローコンパイ 疲れはてる。登山で〜する
顰蹙	ヒンシュク 顔をしかめ、眉をひそめること。〜を買う
紊乱	ビンラン ×ブンラン。 道徳秩序が乱れること。（元々はブンランの慣用読み）。風紀〜
不撓不屈	フトーフクツ ×フギョーフクツ。 どんな困難にあっても決して心がくじけないこと。

熟語・慣用句

片言隻句	ヘンゲンセック　わずかな言葉の端。〜も聞き逃さない
判官贔屓	ホーガンビーキ　×ハンガンビーキ。　弱い者に肩入れする。この意味での判官は九郎判官・義経のこと。〜の習性
墨守	ボクシュ　古い習慣や自説を固く守る。融通がきかない。旧習を〜する
木鐸	ボクタク　先達、指導者。中国古代法令を知らしめるために鳴らした、舌が木製の鈴から。新聞は社会の〜
未曽有	ミゾウ　×ミゾー、×ミゾユウ。　いままでにない。
無欲恬淡	ムヨクテンタン　欲がなくものに執着しないこと。
村八分	ムラハチブ　一説に「火事と葬式以外の付合いを絶つ」こと。
明眸皓歯	メーボーコーシ　澄んだ瞳と美しい歯並び。美人の形容。楊貴妃の形容として杜甫が使った。
名誉毀損	メーヨキソン　名誉を傷つけること。〜で訴える

文書	**モンジョ、ブンショ** モンジョ…古〜。（一般的には）ブンショ。
遊山	**ユサン** ×ユザン、×ユーザン。 遊びに出かける。山野に行って遊ぶこと。物見〜
磊落	**ライラク** 快活で心が広い。豪放〜な性格
落書	**ラクガキ、ラクショ** ラクガキ…いたずら書き。ラクショ…世相を諷刺した文書、書きつけ。
俚諺	**リゲン** 世間の諺。〜にも真実がある
老若男女	**ローニャクナンニョ** ×ロージャクダンジョ。 老人も若者も、男女全て。〜こぞって
合いの手を入れる	**アイノテヲイレル** 「間の手」とも書く、「〜を打つ」は誤り。
一目置く	**イチモクオク** ×ヒトメオク。 自分よりまさっているとして一歩ゆずる。
一矢をむくいる	**イッシ** ×ヒトヤ、×イチヤ。 （大勢は変えられないまでも）反撃すること。

熟語・慣用句

浮彫りにする	**ウキボリニスル** 　○浮彫りにしながら　×浮彫りにさせながら。
有卦に入る	**ウケニイル** 　有卦＝陰陽道で良い事が続く7年間。運が向いてきて良い事が続くこと。
後髪	**ウシロガミ** 　×アトガミ。　用例は、後に心が残って去りがたい。～を引かれる
悦に入る	**エツニイル** 　×エツニハイル。　心のうちで大いに喜ぶ。一人～
追銭	**オイセン** 　×ツイセン、×オイゼニ。　追加して払う金。盗人（ヌスット）に～
汚名を雪ぐ	**オメーヲススグ** 　～ヲソソグ、もある。×汚名をはらす。×雪辱をはらす。
折紙付き	**オリガミツキ** 　×オリカミツキ。　専門家の評価がある。極めつき。
佳境に入る	**カキョーニイル** 　×～ニハイル。　もっとも興味深いところに入ること。
甘草	**カンゾー** 　×カンソー。　薬草の一つ。鎮痛鎮咳。～の丸呑み（物事をかみしめてよく味わわないこと）

間髪を入れず	カン・ハツヲイレズ ×カンパツヲ〜。間合いをおかず。
完膚なきまで	カンプナキマデ 徹底的に。〜やっつける
気勢をそぐ	キセイヲソグ ×気勢を制す。 機先を制すとの混同に注意。気勢をあげる。
歯に衣着せぬ	ハニキヌキセヌ 隠し事せず、ずけずけ言う。〜言い方
九牛の一毛	キューギューノイチモー ×クギューノイチモー。 とるに足りないわずかなこと。
九死に一生	キューシニイッショー ×クシニ〜。 九分通り助からない命をかろうじて助かる。
綺羅星の如く	キラ・ホシノゴトク（キラボシノゴトク）綺羅＝美しい着物。
琴瑟	キンシツ 「〜相和（アイワ）す」と使い、夫婦・兄弟などが仲良いことを表す。
株を守る	クイゼヲマモル ×カブヲ〜。 古くからの習わしを守り臨機応変にできない。

熟語・慣用句

櫛の歯が欠ける	クシノハガカケル　×(櫛の歯が)抜ける。切れ目なく続いているはずのものが所々欠けているさま。
群をぬく	グンヲヌク　×ムレヲヌク。　多くの中で飛び抜けて優れている。
気色ばむ	ケシキバム　×キショクバム。　怒りが顔に出る。
煙に巻く	ケムニマク　×ケムリニ。　相手をとまどわせる。
(火事で)煙に巻かれる	ケムリニマカレル　×ケムニ〜。　この場合の「巻く」は、「周りをぐるりと取り囲む」という意味。
公算が大きい	コーサンガオーキイ　×コーザン。　確実性の度合い。△公算が強い（可能性、見込みの場合）。
好事	コージ　よいこと。〜魔多し。「好事家（ものずきな人・風流人）」はコーズカ。
後生畏るべし	コーセー　後輩、子孫。ゴショーは仏教用語で来世の意。
功なり名遂げる	コーナリナトゲル　立派な仕事をして併せて名声を得ること。

郷に入っては郷に従え	(ゴウニ)イッテハ〜 ×(ゴウニ)ハイッテハ。 そこに住むにはその場所の風俗習慣になじむのがよい。
来し方行く末	コシカタユクスエ ×キシカタ〜。 古語。過去と未来。
古式ゆかしく	コシキユカシク 古式にのっとり。×古式ゆたかに。 言いかえが望ましい。
事志と違う	コト・ココロザシトタゴー、〜タガウ、〜チガウ 現実の結果が意図したものと違う。
(立場を)異にする	コトニスル 別にする。異なっている。
言葉を濁す	コトバヲニゴス はっきりと言わないこと。×口を濁す。
この期に及んで	コノゴニオヨンデ ×コノキニ〜。 最後にまで至って。〜見苦しい
棹さす	サオサス 好都合が重なり物事がうまく行くこと。流れに逆らう意味で使うのは間違い。流れに〜
好評噴々	コーヒョーサクサク 「さくさく」は、口々に褒めそやすさま。○好評さくさく ×悪評（不評）さくさく。

熟語・慣用句

自家薬籠中の物	ジカヤクロウチュウノモノ　手中にあっていつでも自由になるもの。〜とする
市井	シセー　人家の集まるところ。市中の。〜の研究者
市井の人	シセーノヒト　×シイノヒト。　一般の人、庶民などといいかえる。
七十五日	シチジューゴニチ　×ナナジューゴニチ。人のうわさも静まるころ。初物を食べると長生きするという日数。人の噂も〜
十把一からげ	ジッパヒトカラゲ、ジュッパヒトカラゲ　あまり価値のないものとして多数をひとまとめに扱うこと。
耳目を集める	ジモクヲアツメル　大勢の人の注意を集めること。
朱を入れる	シュヲイレル　×アカヲイレル。　文章を添削する。
進退維谷まる	シンタイコレキワマル　×〜タニマル。進むに進めず引くに引けない。〜ってしまう
青雲の志	セーウンノココロザシ　×セーウンノシ。朝廷を雲上というところから、高位を求めるという志。

正鵠を射る	セーコクヲイル　物事の核心を突く。
青天の霹靂	セーテンノヘキレキ　突発的事変。霹靂は雷のこと。
先鞭	センベン　他に先んじて着手する。～をつける
先を越す	①センヲコス②サキヲコス　機先を制する。特許の～。やや古めかしいことばなので「機先を制する」などとする。
体をかわす	タイヲカワス　×カラダヲカワス。ヒラリとよけること。
端を発した	タンヲハッシタ　×タンヲホッシタ。それがきっかけになって物事が始まった。
長足の進歩	チョーソクノシンポ　×ナガアシ～。進歩の度合が著しい。～をとげる
無用の長物	ムヨーノチョーブツ　あっても役に立つどころかかえって邪魔なもの。
天馬空をゆく	テンバ・クーヲユク　着想や行動が何ものにもとらわれないさまのたとえ。

熟語・慣用句

鳥肌が立つ	トリハダガタツ　不快感で総毛立つこと。すばらしい形容には使わない。
とんでもございません	正しくは「とんでもないことです（でございます）」。「とんでもありません」もおかしい表現。
なす術がない	ナススベガナイ　×ジュツガナイ。　手段、てだてがないこと。
七転び八起き	ナナコロビヤオキ　多くの失敗にもかかわらず奮起して何度も立ち上がること。不撓不屈。
七度尋ねて人を疑え	ナナタビタズネテ　なくしものをしたらまず自分で十分捜した上で、最後に他人を疑えの意。
生兵法はけがのもと	ナマビョーホー　×ナマヘイホー。　中途半端な知識は危険。
習い性となる	ナライ・セイトナル　×ナライショー〜。習慣はついには生まれつきの性質のようになる。
二進も三進も	ニッチモ・サッチモ　×ニシンモ・サンシンモ。　どうしても先に進まないこと。
熱に浮かされる	ネツニウカサレル　×熱にうなされる。「悪夢にうなされる」の混同注意。

熟語	読み・説明
鼻白む	ハナジロム ×ハナシロム。 気後れした顔をする。興ざめがする。〜ようないいかた
口の端にのぼる	クチノハニ… ×ハシニ。 口の端はうわさのこと。
悲喜こもごも	ヒキ 一人の人間が悲しみと喜びをあじわうこと。合格発表時の受験生たちの表情などへの使用には不適切。
的を射る	マトヲイル 的を得る「エル」は間違い。「当を得た」「正鵠（セーコク）を射る」は正解。
真に受ける	マニウケル 本当だと思う。冗談を〜
眼のあたり	マノアタリ ×メノアタリ。 目の前で、直接。事故を〜にした
万巻の書	マンガンノショ たくさんの書物。〜を読む
耳を傾ける	ミミヲカタムケル ×〜カシゲル、×〜ソムケル。 首をかしげるとの混同。背けるのは目。耳はふさぐ。
身を粉にして	ミヲコニシテ ×ミヲコナニシテ。 一生懸命努力して。「夜を徹して」も注意（ヨヲテッシテ）。〜働く

熟語・慣用句

虫酸(虫唾)	ムシズ　口に逆流する胃酸。〜が走る
怯めず臆せず	オメズオクセズ　気おくれせずに。
目の敵	メノカタキ　×メノテキ。　付け狙う敵。〜にする
諸手をあげて賛成	モロテ　心から喜んで、納得して無条件に賛成する。諸手は両手のこと。諸手突き
両刃の剣	モロハノツルギ　×リョーバノケン。　一方で役立つが他方で危険な手段。
役不足	ヤクブソク　与えられたポストが実力に対し軽すぎる場合に限る用法。大役過ぎるという表現には×。対義語；力不足。
野に下る	ヤニクダル　×ノニクダル。　役人をやめて民間に入る。「下野する」。〜った宰相
病膏肓に入る	ヤマイコーコーニイル　×ヤマイコーモー〜。病が体の一番奥にまで達する、手が付けられない。
夜を徹して	ヨヲテッシテ　×ヨルヲ〜。　一晩中。眠らずに。（類語として「夜〈ヨ〉が明ける」も）。〜の捜索

もっと知りたい　一入

「喜びもひとしお」の「ひとしお」。みなさん、どんな漢字を書くかわかりますか。「一塩」と思っていたら大間違い。実は「ひとしお」は「一入」と書くのです。なかなか読めませんね。「他の場合より程度が一段と増す」という意味で、「ひときわ、いっそう」と同じように使われます。このことばは飛鳥時代からあり、もともと染色の世界で使われていたそうです。「入」を「しお」と読むのは、「染(し)む」、「一染(ひとしむ)」からという説があり、染色のときに染料に布を浸す度数を数える助数詞として用いたことばだったようです。天然の染料しかなかった昔は、浸す度数で色の濃さを調節していました。二度浸すことは「再入(ふたしお)」、何度も浸すことは「八入(やしお)」と言ったそうです。

また、現代の染色業界でも、色の配合をする際に"ひとしお"足す」などの表現を使うと聞きました。最終的な微妙な色加減を調節するのに「ほんの少し」の意味で使うそうです。私たちが普段使っている「喜びもひとしお」の「ひとしお」は、染料を一度浸すごとに布の色がだんだん濃くなっていくところから、「程度が増す、いっそう」という意味になったようです。

もっと知りたい　間髪を入れず

「間髪を入れず」ということばがありますが、つい「カンパツをいれず」と言ってしまいませんか？　読み方は「カンハツをいれず」で、区切り位置は「カン・ハツをいれず」とカンの後に来ることばです。「物を二つ重ね合わせた間には、髪の毛一筋も入らない」つまり物事に少しのすき間もないという意味から、「すぐさま」「とっさに」という意味になりました。「危機一髪」や「間一髪」など「パツ」と読むことばがあるため、つられて「カンパツ」と言ってしまうのかもしれません。

では「キラ星のごとく」は？　キラは「綺羅」と書き、華やかで美しい衣服のことを言い、「キラ・ホシのごとく」と読みます。「キラキラ星」という歌もあるため「キラボシ」で一つのことばだと勘違いしてしまうのかもしれません。すでに昭和50年代の辞書にも「綺羅星＝暗い夜にきらきら光る無数の星」とあり、今では市民権を得ていると言えるかもしれません。

もう一つ「習い性となる」。これは「ナライ・セイとなる」と読み、習慣はついには天性になるという意味です。しかし「ナライショウ」と誤って読まれた結果、「習い性＝しみついた習慣」という新しいことばができてしまったようです。

熟語・慣用句

Section 18
複数の読みの ある語句
233

黒炭（暖房用などの木炭）	**クロズミ** ×コクタン。 白炭はシロズミ（シラズミ）。
黒炭（石炭の一種）	**コクタン** 瀝青炭（レキセイタン）。
原版（印刷の〜）	**ゲンパン** ×ゲンバン。 活版印刷で紙型や鉛版をとるもとになる活字組み版。複製・翻刻などに対するもとの版。
原板（写真の〜）	**ゲンバン** ×ゲンパン。 写真で、焼き付け・引き伸ばしに用いる陰画（ネガ）または陽画（ポジ）。

先代の**名跡**を継ぐ	ミョーセキ　代々受け継いでいく家名。
各地の**名跡**を訪ねる	メーセキ　有名な古跡。
悪口を言う	ワルクチ、ワルグチ　他人を悪く言うことば。
悪口雑言	アッコーゾーゴン　さんざん悪口を言うこと。
一言居士	イチゲンコジ　何事にもひとこと言わないと気の済まない人。
一言一句	イチゴンイック　一つ一つのことば。わずかなことば。ほかに「一言（イチゴン）もない」など。
今の気持ちを一言！	ヒトコト　わずかの言葉。ちょっということ。
逆手（柔道の関節技）	ギャクテ　一般に「相手の出方を〜にとる」の読みは①ギャクテ②サカテ。〜をとる
逆手（体操の鉄棒の握り。刀の握り方）	サカテ　逆の持ち方、反対に。〜に持ちかえる

複数の読みのある語句

一途な思い	**イチズ** ひたすらに。
悪化の一途	**イット** もっぱらその方向一筋に。
火事で煙に巻かれる	**ケムリニマカレル** この場合の「巻く」は、「周りをぐるりと取り囲む」という意味。
相手を煙に巻く	**ケムニマク** ×ケムリニ。 大げさに言い立てて相手をとまどわせる。
下手投げ	**シタテナゲ** 差し手で相手のまわしを取ること。また、その手。他に「シタテに出てりゃぁいい気になりやがって」など。
舞台の下手	**シモテ** 客席から舞台に向かって左手。〜に去る
下手の横好き	**ヘタノヨコズキ** 下手なくせに物事を妙に好むことをからかっていう。
火山の火口	**カコー** 火山の噴出物を地表に出す開口部。
ガスコンロの火口	**ヒグチ** 点火する口。

開眼手術	カイガン　目が見えるようになること。目を見えるようにすること。
開眼供養	カイゲン　仏像に魂を入れる儀式。
気骨のある人	キコツ　根性。
気骨が折れる	キボネ　心遣い。気苦労。
昔気質	カタギ　特有な気風、性格。昔〜、職人〜
芸術家の気質を持つ	キシツ　一般的に、性質や性格。
気配（市場などの人気、様子）	キハイ　（専門用語）実際には取引はできていないが、できればこの辺だろうという値段。
気配（を殺す）	ケハイ　漠然とした様子。
買春（用途の違いで2種類の読みあり）	バイシュン（カイシュン）　カイシュンは児童買春の法律用語として使用。対象が大人の場合、売春も買春もバイシュン。

複数の読みのある語句

安息日 (宗派によって違う読み)	アンソクジツ・アンソクニチ・アンソクビ　キリスト教は宗派によってニチまたはジツ。いずれも宗派によって確認。一般的な読みはアンソクビ。
供花 (一般的な意で)	キョーカ　神や死者に花をそなえること。
供花焼香 (仏教用語)	クゲショーコー　死者に花を供え焼香すること。
胸算用 (一般的な意で)	ムナザンヨー　×ムネサンヨー。　心の中で見積もりを立てること。～をする
西鶴の「**世間胸算用**」	セケンムネサンヨー　井原西鶴は江戸前期の浮世草子作者。
有望な**曲者**を見出す	キョクシャ　芸能に優れた者。
曲者じゃ！であえ！	クセモノ　不審な者。
君の主張は**空念仏**だ！	カラネンブツ　実行の伴わない主張。
今頃**空念仏**を唱えても御利益はないよ	ソラネンブツ　信仰心なしの口先だけの念仏。

空手の形を披露する	カタ　剣道や踊りの様式。
形だけの夫婦	カタチ　外形。形態。形式。
事の経緯を話せ	イキサツ、ケーイ　事の成り行き。込み入った内部事情。
経緯 (経度と緯度の意味で)	ケーイ　この読みで「いきさつ」の意味も含まれる。
舞台で軽業を見せる	カルワザ　曲芸。～師
医師の指示で軽業を行う	ケーギョー　軽業務
月代 (月・月で空が白んで見えることの意)	ツキシロ　月そのものの意も。
月代を剃る	サカヤキ　×ツキダイ。　前額から頭頂にかけて髪を半月形に剃った風習。のびた～を撫でる
手榴弾 (2通りの読み)	シュリューダン、テリューダン　放送では手投げ弾と言い換え。テリューダンは旧日本軍読み。

複数の読みのある語句

修学院 (2通りの読み)	①シューガクイン②シュガクイン 京都の離宮の一つ。古典・歴史的扱いでは「ジュガクイン」も。
嫌気がさす	イヤケ　何となくいやだと思う。
テロ事件を**嫌気**して売りが先行	イヤキ　株式市場で思い通り相場が動かず悲観すること。〜売り、〜筋
戸口調査	ココー　戸数と人口。
戸口で応対する	トグチ　建物の入り口。
後生畏るべし	コーセー　後輩、子孫。
後生を願う	ゴショー、ゴセ　（仏教用語）後の世。来世。「〜だから許して下さい」の場合はゴショーのみ。
後足で砂をかける	アトアシ　去りぎわ。後ろの足。
後足をふむ	ウシロアシ　逃げようとすること。後ろの足。

口腔 (一般的な読み)	コーコー　口からのどまでの空間になった部分。
口腔外科	コークー　医学の世界では慣用的に使われる。
口説の徒	クゼツ　×コーセツ。　多弁。言い争い(特に男女の)。
口説上手	クドキ　口説くこと。(謡曲)語りの部分。(浄瑠璃)しめやかな節回し。
甲板で 潮風にあたる	カンパン　船のデッキ。
甲板員が 居並ぶ	コーハン　カンパンと同意。船舶で作業をする乗組員のこと。(他に貨車甲板も)。
成績が 香しくない	カンバシ　誉れが高い。「栴檀(センダン)は双葉より香ばし」は香りが良いの意。芳しいの表記も同意。
香ばしい 焙じ茶の香り	コーバシ　煎ったり焼いたりしたときの好ましい香り。芳ばしいの表記も同意。
女官 (宮内庁での読み方)	ニョカン、ジョカン　宮内庁は明治以降ニョカン。外国王室関連はジョカン。〜長

複数の読みのある語句

女形 (2通りの読み方で)	オンナガタ、オヤマ　女の役をする男優。伝統芸能ではオンナガタ。
会社を再建する	サイケン　（一般的）建物や組織を建て直すこと。
五重塔を再建する	サイコン　（宗教、特に仏教）建築物を建て直すこと。
祭文 (芸能の一種として)	サイモン　芸能の一種。〜語り
祭文(神事)	サイブン　神に申す言葉。〜を奏上
細々と立ち働く	コマゴマ　こまめに。ねんごろに。細かいところまで。〜と世話をやく、〜した用件
細々と暮らす	ホソボソ　やっとのことで維持しているさま。細く弱々しいさま。〜とした声
在郷中に同窓会を開く	ザイキョー　故郷にいること。
在郷軍人	ザイゴー　都会から離れた地方、田舎にいること。

柵をのりこえる	**サク** 木で作った垣。
世間の柵	**シガラミ** 関係が断ちがたいもの。
酒を三升飲む	**サンジョー** ×サンショー。 尺貫法の容量、一升はおよそ1.8リットル。
三升の紋所	**ミマス** 大中小の三つの升を入れ子にしたもの。市川團十郎の紋。
三方（三つの方角の意で）	**①サンボー②サンポー** 三つの方向（方角）。
神饌を三方に載せる	**サンボー** 神仏に供え物ををするときなどに使う台。三宝とも。
自ら範を示す	**ミズカラ** 自分で。
自ら明らかになる	**オノズカラ** 自然と。「自ずから」という送りがなが辞書には多い。
小やみ（2通りの読み方で）	**コヤミ、オヤミ** オヤミ…雨や雪が少しの間降り止むこと。〜なく。 コヤミ…雨が〜になる

複数の読みのある語句

小豆 (2通りの読み方で)	アズキ、ショーズ （一般用語）アズキ。（商品市場）ショーズ。
手練の早業	シュレン、テダレ　磨き上げた技。よく練習すること。
手練手管	テレンテクダ　人をだまして操る技巧・手法。
剣舞 (一般的な読み)	ケンブ　剣を持って舞う舞。
岩手・北上の鬼剣舞	(オニ) ケンバイ　国指定重要無形民俗文化財。
部長の十八番	オハコ　いちばん得意なこと。〜芸（オハコ）
歌舞伎十八番	ジューハチバン　歌舞伎市川家の演目。七世團十郎が選定。
刑期を終え出所する	シュッショ　刑務所を出ること。生まれたところ。事物の出どころ。
金の出所はどこだ	デドコロ　△デドコ。　物事が出てきたもとのところ。出るべき場所。ここらが主役の〜だ

出端をくじく	①デハナ②デバナ　物事の始め。
出端を失う	デハ　出るきっかけ。
煙がしみて目を瞬く	シバタタク　まばたきをしきりにする。
夜空に星が瞬く	マタタク、マバタク　光が明滅する。まばたきをする。
瞬く間に	マタタク（マニ）　まばたきをするほどごく短い間。〜に食べる
書き初め	ゾメ（ソメ）　×カキハジメ。　動作を初めてする意。
月初め	ハジメ　仕事ハジメ、歌会ハジメは始の字をあてる。
彼が見初めた女性	ソメた　知り〜　見〜　ハジメルは始めると表記。
色紙（2通りの読み方で）	イロガミ、シキシ　イロガミ…様々な色に染めた紙、玩具用。シキシ…和歌、サインを書く紙。

複数の読みのある語句

芝居一座の**座頭**	ザガシラ　一座の長。
当たり役の**座頭市**	ザトー　僧形をして琵琶などを弾いて語り物をしたり、あんま・はりなどを生業とした盲人（放送上では使用注意）。琵琶法師の官位、検校〜別当
借家	シャクヤ　借りた家。
借地借家法	シャクチシャクヤホー　法律名はシャクチシャッカ。
初産（一般的に）	ウイザン、ハツザン　初めてのお産。
初産（医学用語として）	ショサン、ショザン　初めてのお産。
上手投げ	ウワテ　相撲で相手の差し手の上からまわしをつかみ投げる技。
舞台の上手	カミテ　舞台の、客席から見て右側。
上手な踊り	ジョーズ　物事に巧みなこと。

吉良上野介	（キラ）コーズケ（ノスケ） 旧国名（群馬県）。
上野発の夜行列車	ウエノ 東京、伊賀等の地名。
新手を考案する	シンテ 囲碁などの新着手。新しい方法。〜の考察
新手を繰り出す	アラテ 手段、勢力ともに言う。〜の業者
人気が荒い	ジンキ その土地の気風。
クラスの人気もの	ニンキ よい評判。
境内には人気がなかった	ヒトケ 人の気配。
生花の先生	イケバナ 華道。
生花を霊前に供える	セーカ 造花に対して言う。

複数の読みのある語句

生年〇〇(歳)	ショーネン　生まれてから経過した年。
生年月日	セーネン　生まれた年。
声明の響く本堂	ショーミョー　僧が経文を朗唱する声楽。
声明を読み上げる	セーメー　一定の事項についての見解などを不特定の人に発表すること。
西方浄土	サイホー　×ニシカタ。　阿弥陀如来のいる西方にある浄土。
西方、大関稀勢の里	ニシガタ　×ニシカタ。　相撲用語。テレビ放送では向かって右側。
都の西方の門	セーホー　西の方角。西の方面。
赤子の手をひねる	アカゴ　赤ん坊。
陛下の赤子	セキシ　（天子などを父母にたとえその子の意から）忠実な家来。

西域（2通りの読みで）	**サイイキ、セイイキ** サイイキ…歴史的な言い方。セイイキ…中国西方の地域。
切羽で働く	**キリハ** （炭坑などの）採掘場。坑道の最先端。
切羽詰まった場面	**セッパ** 差し迫った困難。〜詰まる
一日500回の**素振**	**スブリ** ×ソフリ。 刀・竹刀・バットなどを振ること。
知らない**素振**をする	**ソブリ** ×ソフリ。 表情や態度などに現れた様子。知らない〜
素面では言えない話	**シラフ** ×ソメン。 酒を飲んでいない。
素面で立ちあう	**スメン** ×ソメン。 能や剣道で面をかぶらない状態。化粧をしていない状態。
造作なく行う	**ゾーサ** めんどうなこと。
家の**造作**がよい	**ゾーサク** 家の内部の仕上げ。

複数の読みのある語句

双手突き	モロテ　一般に「双手」は「ソーシュ」。
ハゼ五束	ソク　釣用語。百尾をいう。その他束ねたものを数える単位。
束になって掛かる	タバ　ひとまとめ。
とんだ代物をつかまされた	シロモノ　評価の対象として見たときの物や人。皮肉や揶揄の気持ちを込めて使われることも。もとは売買する品物のこと。
代物弁済	ダイブツ　代わりになる品物。
その道の大家	タイカ　その道の大御所。
大家の主人	タイケ　資産家。
大家と言えば親も同然	オーヤ　家主。
大鼓（2通りの読みで）	オーツヅミ、オーカワ　大きな鼓。場面に応じて読みは要確認。〜と鼓

大雪注意報	オーユキ　雪がたくさん降ること。
二十四節気の一つ、**大雪**	タイセツ　二十四節気の一つ。12月7日ごろ。
北海道の**大雪山系**	タイセツサンケイ　大雪山という山はない。大雪山系の○○。
大雪山国立公園	ダイセツザンコクリツコウエン　北海道中央部、日本最大の規模を持つ国立公園。
大夫（芸名など）	タユー、ダユー　一座の中の優れた演者、女形の敬称、最高位の遊女など。場面により読みは要確認。表記に「太夫」もあるので注意。
大夫（大名の家老など）	ダイブ　大名の家老など。「東宮大夫」はトウグウダイブ（宮内庁東宮職の長）。
吉原の**大門**	オーモン　城や遊廓の門。
東大寺の南**大門**	（ナン）ダイモン　大きな門。寺の門。
閾値	イキチ、シキイチ　ある反応を起こさせるための最低限の刺激量。

複数の読みのある語句

連作で**地力**が衰えた	チリョク　その土地が作物を生育させる能力。
ここ一番で**地力**を発揮する	ジリキ　その人が本来持っている実力。
築地塀	ツイジ　泥で作った垣。〜塀
東京の**築地**市場	ツキジ　一般には埋立地の意。
竹馬の友	チクバ　幼なじみ。
竹馬に乗る	タケウマ　竹で作った遊具の一つ。
筑紫野市	チクシ（ノシ）　筑紫郡など。福岡地方では筑紫はチクシと読むことが一般的だが、固有名詞などにはその都度注意が必要。
筑紫平野	ツクシ　（旧国名の）筑紫、筑紫平野、筑紫山地、筑紫二郎（筑後川）など。
竹林の七賢	チクリン　3世紀半ばの中国の竹林で清談を行った7人の賢人。竹林単独では、もちろんタケバヤシと読んでも可。

権力に**追従**する	ツイジュー　人の後につき従うこと。
お**追従**を言う	ツイショー　こびへつらうこと。おべっかを言うこと。
毎日**通**った学校	カヨッタ　何度も往復した。
途中で海辺を**通**った	トーッタ　通過した。
天界（2通りの読みで）	テンカイ、テンガイ　一般的な読みはテンカイ。天上の世界の意。仏教用語ではテンガイとも。意味は要確認。
唐紙にかかれた書	トーシ　中国製書画用紙。
唐紙を開け閉てする	カラカミ　建具（ふすま）。
歌会始の**読師**	ドクジ（単独では、トクジ、トーシ、トクシ、ドクシも）　仏教の法会や和歌の会での役目の一つ。歌会始はドクジ
二人静（2通りの読みで）	ニニンシズカ、フタリシズカ　ニニン〜は歌舞伎の外題。フタリ〜は謡曲、植物名。

複数の読みのある語句

文章読本	トクホン　教科書。解説書。
読本の代表作品、雨月物語	ヨミホン　江戸中後期の小説の一種。
二世のちぎり	ニセ　現世と来世。
日系二世	ニセー　二代目。
肉食（2通りの読みで）	ニクショク、ニクジキ　（一般読み）ニクショク。（仏教用語）ニクジキ。僧が鳥獣魚介の肉を食べること。〜妻帯
異議を認める	ミトメル　承認する。
手紙を認める	シタタメル　書き記す。他に食事をするの意も。夕食を〜
白旗を掲げて降伏する	シロハタ、シラハタ　降伏の印となる白地の旗。
源氏の白旗	シラハタ　源氏の白地の旗。

博士（2通りの読みで）	ハクシ、ハカセ　学位はハクシ。物知りハカセ。文章博士（モンジョーハカセ）
白面の貴公子	ハクメン　年少で経験に乏しい。
白面でそんなことは言えない	シラフ　酒を飲んでいないこと。素面。
八掛けで販売する	ハチガケ　8割。
着物の八掛	ハッカケ　着物の裾の裏につける布。裾回し。
庭で斑鳩が鳴く	イカル　雀よりやや大きい鳥。
奈良斑鳩にある法隆寺	イカルガ　奈良の地名。
犯す・侵す・冒す（意味の違いは?）	オカス　犯す…（罪や過ちを）法を〜。侵す…（侵害する）領分を〜。冒す…（あえてする）危険を〜
鼻腔（一般的な読みと医学用語で）	ビコー、ビクー　一般的な読みがビコー。医学用語はビクー（鼻孔と区別するため）。

複数の読みのある語句

氷柱で涼をとる	ヒョーチュー　涼をとるために置く氷の柱。
軒先に氷柱ができる	ツララ　水が垂れて凍り長い柱状になったもの。
小田原評定	ヒョージョー　集まって相談して決めること。小田原評定はなかなか結論が出ない会議のたとえ。
勤務評定	ヒョーテー　基準に照らして評価を決めること。
布袋（2通りの読みで）	ヌノブクロ、ホテイ　ヌノブクロは布で作った袋。ホテイは七福神の一人。〜腹、〜和尚
風穴をあける	カザアナ　風の通るあな。〜を開ける
山腹の風穴からの冷気	フーケツ　山腹などにあいた冷風の吹き出る奥深い穴。富士山麓の洞穴。
孫子の兵法	①ヘーホー②ヒョーホー　軍隊の戦いのしかた。戦略。
生兵法	ナマビョーホー　生半可な知識。

化学変化	ヘンカ　ある状態から別の状態に変わること。
七変化	ヘンゲ　神や動物などが姿を変えて現れること。ばけもの。
片言隻句	ヘンゲン（セック）　ちょっとした短い言葉。片言隻句（ヘンゲンセック）。片言隻語（ヘンゲンセキゴ）。
片言の英語	カタコト　幼児などのたどたどしい言葉。
子どもの頃からの宝物	タカラモノ　宝として大切にするもの。
宝物集 (仏教説話集)	ホーブツシュー　仏教が第一の宝物である理を説いた説話集。なお、宝物殿はホーモツデン。
頰 (2通りの読みで)	①ホー②ホホ　〜杖、〜張る、〜かむりなどはいずれもホー〜。
末期の水	マツゴ　人の死に際。
平安末期	マッキ　物事の終わりの時期。

本性 (2通りの読みで)	ホンショー、ホンセー　一般的にはホンショー。学問的にはホンセーが使われることも。
名代の銘酒	ナダイ　有名な。評判の。
社長の**名代**で参りました	ミョーダイ　代わりに。代理で。
木の実 (2通りの読みで)	①コノミ②キノミ　①コノミ…一語としてとらえた場合。②キノミ…「木」と「実」の二語としてとらえた場合。
木の葉 (2通りの読みで)	①コノハ②キノハ　①コノハ…一語としてとらえて読む場合。②キノハ…「木」の「葉」と二語としてとらえて読む場合。
木偶の坊	デク　木で作った人形、役たたず。
阿波**木偶**人形	デコ　西日本、福島、栃木で。
美しい**木目**	モクメ　木の年輪などの模様。
木目込み人形	キメ（コミニンギョー）　和紙を貼り重ねた上に切れ地を貼り付けたもの。

木馬（2通りの読みで）	キンマ、モクバ　キンマ…木材を運ぶソリのような道具。　モクバ…遊具。
問屋（2通りの読みで）	トンヤ、トイヤ　（一般的な読みは）トンヤ。卸売業者のこと。トイヤ役は（江戸時代の）問屋場の責任者。
有識者会議	ユーシキ　その道に明るい人。
有職故実に詳しい	ユーソク　×ユーショク。　朝廷や武家の古来のしきたり。
要諦（2通りの読みで）	ヨーテイ、ヨータイ　ヨーテイ…肝心の点。民主主義の〜。ヨータイ…（仏教）肝要な悟り。
莫大な利益	リエキ　もうけ。
御利益がある	（ゴ）リヤク　仏などが功徳を授けること。ためになること。
一座の立役	タテヤク　おもだった役者。中心人物（＝立役者）。
女形と立役	タチヤク　①女形に対する男役。②善と悪をさばく役どころ。

複数の読みのある語句

落書 (2通りの読みで)	ラクガキ、ラクショ　ラクガキ…いたずら書き。ラクショ…世相を諷刺した文書、書きつけ。
日米両国	リョーコク　二つの国。
両国国技館	リョーゴク　東京墨田区の地名。
礼拝 (仏教とキリスト教などで違う)	ライハイ、レイハイ　ライハイ…仏を拝むこと。レイハイ…神をあがめること（キリスト教など）。～する

もっと知りたい　逆手

「逆手」は何と読みますか。「さかて」それとも「ぎゃくて」？　実はどちらの読み方もあり、それぞれ意味が違うのです。まず「ぎゃくて」ですが、柔道などの技で、相手の腕の関節を反対に曲げて攻める技があり、これを「ぎゃくてを取る」と言います。そこから、相手の手段を逆用するという比喩的な言い方「ぎゃくてに取る」が出来たのです。しかし、「さかてに取る」と使う人が多いように感じますよね。平成２年の調査ですが、ＮＨＫ放送文化研究所が行ったアンケートで、すでに７割の人が「さかて」と読んでいました。辞書の多くは「ぎゃくてに取る」としているのですが、「さかてに」を載せているものも出てきています。そこで放送でも「逆手に取る」の読み方は、①ぎゃくて②さかて、としています。では「さかて」とは何か。例えば刀などを持つとき、普通の持ち方とは逆になるように持つ、つまり「小指の方が刃に近いように持つこと」を「さかてに持つ」と言います。また体操競技の鉄棒では、手の甲を上にして手前から棒を握るのが「順手」。その逆が「さかて」です。逆上がりをするときの手を思い出してください。ですから「逆手車輪」は「さかて」と読むのです。

Section 19
よく使われるのに間違いやすい日本語 550

挨拶	アイサツ　儀礼や親愛の言葉。
愛想	アイソ、アイソー　愛嬌、人付き合い。～をつかす
愛憎	アイゾー　×アイソー。　愛することと憎むこと。～模様
生憎	アイニク　×アイゾー。　つごうがわるい。～留守です

曖昧	**アイマイ** ぼんやりしているさま。～模糊とした
隘路	**アイロ** ×エキロ。 狭い道。障害。～となる
揚足	**アゲアシ** 言葉尻をとらえて。～を取る
味気ない	①**アジケナイ**②**アジキナイ** 感興もない。～食事
斡旋	**アッセン** 取り持ちをすること。～する、～収賄
誂える	**アツラエル** 注文して望み通りのものを作る。デパートでスーツを～
軋轢	**アツレキ** 不和。反目。～を生ずる
当推量	**アテズイリョー** あてずっぽ。～で言う
雨よけ	**アマヨケ** ×アメヨケ。 雨に濡れるのを防ぐための覆い。雨宿りはあまやどり。

あり得る	**アリウル** ×アリエル。「得る」は原則エル。あり得るは伝統的にアリウル。否定形はアリエナイ。
有体	**アリテイ** 包み隠さず修飾せずに。〜に言えば
安穏	**アンノン** 安全でのんびりと。〜な暮らし
塩梅	**アンバイ** ほどあい。〜良く
生き様	**イキザマ** 死に様から。抵抗を感じる人もあるので乱用しない。生き方、生涯、一生、半生、実生活、実人生などを適宜使用。
幾重	**イクエ** ×イクジュー。多くの重なり。何度となく。〜にも膝をおる
生贄	**イケニエ** 生きたまま神への貢ぎ物にすること。〜を捧げる
意志・意思（使い分け）	**イシ** 意志…〜薄弱。〜が強い。 意思…〜表示、〜の疎通、個人の〜
石工	**イシク** 職業名としては、なるべく石材店従業員、などとする。

異存	**イゾン** ×イソン。 異議。～なく決定
依存	**イソン** △イゾン。 ほかを頼りに存在する。異存と区別する。現存もゲンソン△ゲンゾン。
一見（～客）	**イチゲン** ×イッケン。 馴染みでない客。～さんお断り
一段階	**イチダンカイ** ×ヒトダンカイ。 ワンステップ。～上がる
一縷	**イチル** わずかなつながり。～の望み
一本刀	**イッポンガタナ** 俠客（キョーカク）の異称。～土俵入
枚挙に暇がない	**マイキョニイトマガナイ** ×ヒマガナイ。たくさんありすぎていちいち数え切れない。遑（イトマ）とも。
○○犬	**イヌ、ケン** イヌ…秋田～、柴～ ケン…紀州～、カラフト～、北海道～
衣鉢	**イハツ** ×イハチ。 師から伝えるその道の奥義。～相伝

息吹	**イブキ** 息。息遣い。新時代の〜
入会権	**イリアイケン** ×ニューカイケン。入会地（イリアイチ）を利用する権利。
刺青	**イレズミ** いれずみ。ほりもの。谷崎潤一郎の小説はシセー。他に、文身、入墨。
因縁	**インネン** 由来。原因。〜をつける
隠喩	**インユ** 修辞法の一つ、頭に霜を置くなど。
魚釣り	**ウオツリ、サカナツリ** ちなみに、魚釣島（ウオツリジマ）は沖縄南西部、尖閣諸島最大の島で無人島。
胡散くさい	**ウサンクサイ** 疑わしい。
家 (2つの読みで意味の違いは)	**ウチ、イエ** ウチ…ホーム（家庭）。イエ…ハウス（建物）。
打つ (囲碁を〜? 将棋を〜?)	**ウツ** 囲碁は打つ、将棋は指す。飲む、打つ、買うの打つはバクチ。

よく使われるのに間違いやすい

映る	ウツル ものの影や光などがそのまま他のものの上にあらわれること。目に〜
厩	ウマヤ 馬小屋。〜に繋ぐ(つなぐ)
烏有	ウユー まったくないこと。〜に帰(キ)す。烏(イズク)んぞ有らんや、の意から。
売捌所	ウリサバキショ(ジョ) ×バイベツショ。売りさばきをする場所。特に官公庁などの払下げ品や特定の品の販売をする指定をうけた店。
上屋	ウワヤ ×ジョーオク。 建物の上に設けた仮屋根。保税倉庫。上家とも。
栄華	エーガ ×エーカ。 世にときめき栄えること。
得手	エテ 得意な技。得手勝手の略。〜に帆を揚げて
会得	エトク 意味を悟ること。秘伝を〜する
選り好み	エリゴノミ、ヨリゴノミ ヨリゴノミとも。ヨルという読みは、エルの音が変化したもの。

選り選る	**エリスグル、ヨリスグル** すでに選んだものの中から、さらによいものを選び出すこと。選り選りの施設
得る	**エル** △ウル。 口語文ではエル。「あり得る」はアリウル。
円滑	**エンカツ** ×エンコツ。 滑らかなこと。〜に行う
婉曲	**エンキョク** ×ワンキョク。 遠まわしに。
奥義	**オーギ、オクギ** 学芸武術の極意。一番深い意味。柔道の〜を極める
大芝居	**オーシバイ** ×ダイシバイ。 大掛かりな芝居。〜を打つ
逢瀬	**オーセ** ×アウセ。 男女が逢う機会。一時の〜を楽しむ
大童	**オーワラワ** いそがしいさま。○○で〜
悪寒	**オカン** ×アクカン。 発熱のための寒気。悪心(はき気のこと)はオシン。

よく使われるのに間違いやすい日本語

押しせまって・押しつまって (意味の違いは?)	オシセマッテ、オシツマッテ　オシセマッテ…間近にせまって。暮れに近くなって。オシツマッテ…12月末に近くなって。
御題	オダイ　×ギョダイ。　お題。
音 (読みと意味の違い)	オト・オン、ネ　オト・オン…物理的な音響。ネ…情緒的な楽音など。文脈で使い分ける。
御伽話	オトギバナシ　童話、虚構の話。〜の王子様
自ずから・自ら	オノズカラ・ミズカラ　オノズカラ…ひとりでに。もとからもっているもの。ミズカラ…自分自身で。
思惑	オモワク　×シワク。　意図。〜違い
御大	オンタイ　御大将の略、かしら。派閥の〜
怨念	オンネン　×エンネン。　うらみのおもい。死んだ女の〜が
甲斐犬	カイケン　×カイイヌ。　山梨県原産の日本犬の一種。

膾炙	**カイシャ** 世に広く言われること。人々が称賛すること。人口に〜する
凱旋	**ガイセン** 戦いに勝って帰る。〜将軍。凱旋帰国は重複表現。
灰白色	**カイハクショク** ×ハイハクショク。 白っぽい灰色。〜の壁
乖離	**カイリ** そむきはなれること。人心が〜する
瓦解	**ガカイ** バラバラに崩れる。明治維新を幕府側は瓦解と言った。体制が〜する
客死	**カクシ、キャクシ** 旅先で死ぬこと。ヨーロッパで〜した
確執	**カクシツ** 自分の意見を強く主張しあい不和になること。肉親の〜
呵責	**カシャク** ×カセキ。 せめさいなむこと。良心の〜
仮借	**カシャク** ×カリシャク。 みのがすこと。〜無き追及

よく使われるのに間違いやすい日本語

頭に（15歳を〜）	カシラニ ×アタマニ。 筆頭に。15歳を〜に
形・型（意味の違いは?）	カタ 形（フォーム・姿形）…柔道の〜、自由〜　型（パタン・タイプ・型式）…〜紙、〜式、大〜、ひな〜
固唾	カタズ 緊張したときに出る唾。〜を飲んで見守る
恰好	カッコー 姿。手頃なこと。とんでもない〜で、〜の品物が見つかる
曽て	カツテ ×カッテ。 一般には「カッテ」もあるが、本来は「カツテ」。
葛藤	カットー 争い。心の中の〜
河童	カッパ 水陸両生の想像上の生き物。川に入る人の尻子玉を抜く。〜の川流れ
合評	ガッピョー ×ゴーヒョー。 何人かが集まって一緒に批評しあうこと。
糧	カテ 食料。生活の手段。

合点	ガテン、ガッテン　理解する。承知する。合点（ガテン）がいく
鐘の音	カネノネ（カネノオト）　鐘のなるおと。オト参照。〜が響く
可能性	カノーセー　良い意味の蓋然性とする人も多いので、悪いことに使うのは要注意。例：死亡する〜。これらのときには「おそれ」が使える。
画餅	ガヘー、ガベー　絵に描いた餅。役に立たないこと。〜に帰す
上半期	カミハンキ　×ジョーハンキ。　一年（年度）の最初の半年。〜の業績
唐様	カラヨー　×トーサマ。　中国風の。売家と〜で書く三代目
狩人	カリュード　×カリウド。　狩をする人。狐と〜
干戈	カンカ　戦い、戦闘、ほことさすまた。〜を交える
間歇（欠）	カンケツ　周期的に起こること。間歇泉

よく使われるのに間違いやすい日本語

管見	**カンケン** 自分の見識や見解を謙遜して言う言葉。
諫言	**カンゲン** ×レンゲン。 いさめる言葉。殿に～する
換算	**カンサン** ×カンザン。 別の単位の数量に数え直す。～すると
緩衝	**カンショー** 衝撃をやわらげる。
完遂	**カンスイ** ×カンツイ。 完全に成し遂げる。業務～
含蓄	**ガンチク** 意味が深く味わいがある。～のある御言葉
涵養	**カンヨー** 教え養うこと。うるおし育てること。士気を～する、水源～林
忌諱	**キキ** ×キタン。 いみきらうこと。～に触れる
飢饉	**キキン** 日照りなどで食べ物がなくなる厄災。～で人が死ぬ

危惧	キグ　あやぶみおそれる。〜が現実となる
帰趨	キスー　×キソー。　行き着くところ。自然の〜
絆	キズナ　結ぶ綱。人間の〜
寄贈	キソー、キゾー　金品や品物を他人に贈り与えること。
既存	キソン　×キゾン。　すでにある。〜の施設
忌憚	キタン　いみはばかること。〜のない意見を
几帳面	キチョーメン　まじめできちんとしている。〜な人柄
拮抗	キッコー　同等の力ではりあう。力量は〜している
切先	キッサキ　刃物の先。〜を向ける

よく使われるのに間違いやすい日本語

| 生粋 | **キッスイ** まじりけのない。〜の日本人 |

| 木の実油 | **キノミアブラ** ×コノミアブラ。 椿油の別称。 |

| 客員 | **キャクイン** ×カクイン。 スペシャルゲスト。招聘した〜教授 |

| 逆効果 | **ギャクコーカ、ギャッコーカ** 逆光線も同様の読み方。 |

| 給湯 | **キュートー** ×キューユ。 湯を注ぐこと。〜設備 |

| 狭隘 | **キョーアイ** 面積や度量などが狭いこと。〜な山道 |

| 胸襟 | **キョーキン** 心の中。〜を開いて話し合う |

| 教鞭 | **キョーベン** 講義の際に教師が持っていたムチ。〜を執る(教職につく) |

| 炬火 | **キョカ** たいまつ、かがりび、トーチ。体育大会の〜を運ぶ |

極（2通りの読み）	**キョク、ゴク**　キョク…〜電界、〜電圧　ゴク…〜超短波、〜超音波、〜低温　（両様あるもの）〜微の世界
局方	**キョクホー**　日本薬局方の略。
均一	**キンイツ**　×キンイチ。　どれも一様であること。〜料金
近郷	**キンゴー**　×キンキョー。　近くの地域。〜近在
僅少	**キンショー**　わずかなこと。〜差
久遠	**クオン**　△キューエン。　永久。〜の平和
矩形	**クケー**　四角形のこと。〜に区切る
奇しくも	**クシクモ**　×キシクモ。　偶然にも。不思議にも。
件（がある）	**クダリ**　×ケン。　文章の一部。次のような〜がある。「件のごとし」はクダンの〜。

苦衷	クチュー 苦しい心の中。～を察して
句読点	クトーテン ×クドクテン。 「、」読点「。」句点のこと。
工夫	クフー 考え。思い付き。～を凝らした特許
九品仏	クホンブツ ×クヒンブツ。 9体の阿弥陀仏。
群青	グンジョー ×グンセー。 濃い青色。～色
薫陶	クントー 徳をもって感化する。～を受けて成人する
希有(稀有)	ケウ ×キウ。 まったくめずらしいこと。～な例
形骸	ケーガイ 形だけ。ぬけがら。～化する
迎合	ゲーゴー 他人におもねる。権力者に～した意見

閨秀	ケーシュー　学芸にすぐれた女性。閨秀詩人
軽重	ケーチョー　×ケージュー。　重いか軽いか。「鼎(カナエ)の〜を問う」は、権威者の実力を疑い、その地位や権力を奪おうとすること。
逆鱗	ゲキリン　×ギャクリン。　天子の怒り。殿の〜にふれて浪人
怪訝	ケゲン　納得いかない。〜な面持ち
下乗	ゲジョー　乗り物をおりること。
下世話	ゲセワ　世間でよく言う俗な言葉。〜話(ナはつけない)
月世界	ゲッセカイ　×ツキセカイ。　月の世界。〜に空気はない
懸念	ケネン　きがかり。そういう〜がある
気配 (2通りの読み)	ケハイ、キハイ　ケハイ…様子。キハイ…(専門用語)市場などの人気、様子。

嫌悪	ケンオ　嫌い、憎むこと。〜感
剣が峰	ケンガミネ　噴火口の周囲（特に富士山）。絶体絶命。相撲用語で、土俵の俵の一番高い部分。〜に立たされる
元凶	ゲンキョー　×ガンキョー。　災いの源。〜はあいつだ
減殺	ゲンサイ　×ゲンサツ。　へらすこと。興味が〜される
見参	ゲンザン　×ケンザン。　慣用でケンザンはあるが、多くの辞書がゲンザンが主見出し。
牽制	ケンセー　ひきつけて制御する。〜球
言質	ゲンチ　×ゲンシツ、×ゲンシチ。　証拠となる言葉。〜を取る（取られる）
語彙	ゴイ　言葉の総体。〜が豊富
好悪	コーオ　すききらい。〜で人を判断する

巷間	**コーカン** 世間。〜言われるところでは
交誼	**コーギ** 親しい交際。御〜いただきましたが
神々しい	**コーゴーシー** ×カミガミシー。 神聖で気高い。富士の〜すがた
嚆矢	**コーシ** 物事の初め。これを以って〜とする
格子	**コーシ** ×カクシ。 細い角材で組んだもの。〜戸をくぐり抜け
小路	**コージ** こみち。狸〜 地域によってはショージも。
好餌	**コージ** 良い餌。詐欺師の〜となる
巷説	**コーセツ** うわさばなし。〜では
巧緻	**コーチ** 巧みで細かいこと。〜な技で作られた

膠着	**コーチャク** しっかりくっつくこと。膠はにかわ。戦況は〜状態
口吻	**コーフン** 口ぶり。口さき。思わせぶりな〜
高邁	**コーマイ** 気高く優れていること。〜な理論
紺屋	**コーヤ** 染物屋。〜の白袴（シロバカマ）単独では「コンヤ」も。
氷菓子	**コーリガシ** アイスクリーム、シャーベットなど。
凍る・凍える	**コール・コゴエル** （読み間違いに注意）
枯渇	**コカツ** 水がかわききる。資源が〜する
虚空	**コクー** 何も存在しない空間。〜をつかむ
黒白をつける	**コクビャク** 黒か白か、有罪か無罪かなどをはっきりさせること。「白黒をつける」は「シロクロ」をつける。

小細工	**コザイク** ×ショーザイク。「小」には侮りの意あり。「小細工ができるバッター」は「細かいプレーができる…」などとする。
故山	**コザン** ふるさと。
固執	**コシツ** ×コシュー。 とらわれる。自説に～する
拵える	**コシラエル** いろいろと手を加えて形のあるものを作る。こさえる。
鼓吹	**コスイ** ×コフキ。 意見、思想を盛んに宣伝すること。元気付けること。主義を～する
忽然	**コツゼン** にわかに。～と消えうせる
ごった返す	**ゴッタガエス** ×ゴッタカエス。 非常に混雑する。
言霊	**コトダマ** 言葉に宿るたましい。～信仰
小人数	**コニンズー、(コニンズ)** ×ショーニンズー。 少人数はショーニンズー(ズ)。

よく使われるのに間違いやすい日本語

御法度	ゴハット ×ゴホット。　定めで禁じられている。不義はお家の〜
誤謬	ゴビュー ×ゴシン。　誤り。〜は人の常
古来	コライ　古くから。昔から。×古来から。
懲りもなく	コリモナク　前のことに懲りないこと。性懲り（ショーコリ）もなく
声高に	コワダカニ　×コエダカニ。　声が高く大きいこと。
渾身	コンシン　身体全体。〜の力を振り絞り
渾沌	コントン　物事の区別がつかないこと。〜未分
最期	サイゴ　×サイキ。　死に際。非業の〜
幸先	サイサキ　「〜がよい」などと良いときに使う。

彩色	**サイシキ** ×サイショク。 色合いを付ける。放送では「色づけされ、色どりが施され」などがよい。〜する
削減	**サクゲン** 減らすこと。予算〜
錯誤	**サクゴ** まちがい。時代〜
錯綜	**サクソー** 複雑に入り交じること。指揮系統が〜している
索漠	**サクバク** ×サツバク。 ものさびしい。〜たる思い
些細	**ササイ** ×シサイ。 わずかなさま。〜なことで口論する
座敷	**ザシキ** ×ヤシキ。 畳を敷いた部屋。客間。
流石	**サスガ** ×リューセキ。 やはり。
挫折	**ザセツ** 途中でくじけること。〜を乗り越えて

左遷	**サセン** いままでより低い地位に転出すること。
雑役	**ザツエキ** 細々した仕事、主役以外の役目。
早速	**サッソク** すぐさま。～速達で出す
雑踏	**ザットー** 多くの人で混み合うこと。都会の～に紛れて
雑排水	**ザツハイスイ** ×ザッパイスイ。 家庭から出る汚水の内、台所や浴室から出るもの。
雑駁	**ザッパク** 雑然として不統一。～な論理で申し訳ない
殺伐	**サツバツ** 荒廃して潤いのないさま。～とした雰囲気
蹉跌	**サテツ** ×サチツ。 つまずくこと。青春の～
寂(淋)しい	**サビシイ、サミシイ** ～道、ふところが～

さるかに合戦	サルカニカッセン　〜カッセンが伝統的な読み
残滓	ザンシ　×ザンサイ。　残りかす。
暫時	ザンジ　×ゼンジ。　しばらくの間。〜お待ちください
惨状	サンジョー　×ザンジョー。　むごたらしいさま。
山積	サンセキ　数多くある。問題〜　「山積み」は「ヤマズミ」。
桟橋	サンバシ　×サンキョー。　船を横付けできるように岸から水上に長くつきだした構築物。高所に登るための勾配付きの足場。
三昧	サンマイ(ザンマイ)　精神を集中し雑念を捨てること。○○三昧はザンマイが多い。
子音	シイン　×シオン。　母音(ボイン＝日本語の共通語では、アイウエオ)の対照語。
使役	シエキ　×シヤク。　人を使って仕事などをさせること。〜に駆り出される

よく使われるのに間違いやすい日本語

潮騒	シオサイ（シオザイ） 潮の差してくるとき波が音を立てて聞こえること。〜が聞こえる
弛緩	シカン ×チカン。 ゆるむこと。全身の筋肉を〜させる
時宜	ジギ ×ジキ。 時を得たこと。丁度良い頃合い。〜を得る
仕種	シグサ ×シシュ。 動作、ふるまい。隠す〜
忸怩	ジクジ ×ジュクジ。 内心恥ずかしい。〜たる思い
嗜好	シコー たしなみ好むこと。〜品
示唆	シサ ×シシュン。 それとなく知らせる。解決を〜する
仔細	シサイ 細かなこと。〜は聞かない
私淑	シシュク 密かに相手を模範として学ぶこと。相手がそのことを知らない場合に使う。漱石に〜する

| 指弾 | シダン　非難する。 |

| 自重 | ジチョー　自分の行動を慎む。 |

| 実をとる | ジツヲトル　×ミヲトル。　実質を選びとる。名を捨て〜 |

| 桎梏 | シッコク　手かせ足かせ。束縛。〜を脱し |

| 昵懇 | ジッコン　×デイコン。　間柄が親しいこと。〜な付き合い |

| 失墜 | シッツイ　権威がおちる。権威が〜する |

| 尻尾 | シッポ　尾のこと。〜を出す＝正体の一端が露見する。 |

| 磁場 | ジバ　磁力の働いている場。〜と電場（デンバ） |

| 雌伏 | シフク　力を養い時期を待つ。対義語；雄飛。〜十年 |

下半期	シモハンキ ×カハンキ。 一年(年度)の後半。
赤銅	シャクドー 銅と金銀の合金。
赤銅色	シャクドーイロ、アカガネイロ あかい銅の色。～に焼けた肌
奢侈	シャシ ぜいたくをする。～に流れる
遮断	シャダン さえぎる。外部と～する
惹起	ジャッキ 引き起こすこと。
遮蔽	シャヘイ 遮り隔てる。～物
砂利	ジャリ 小さな岩石。～と砂
重(2通りの音読み)	ジュー・チョー (ジュー)重圧、重税、重箱、重言、重臣、重要など。(チョー)重遇、重畳、重出、重祚、重宝、重陽など。

終焉	シューエン　命の終わるとき。〜の地
蒐集	シューシュー　一定の種類の物を寄せ集める。世界的な〜
周旋	シューセン　売買などの仲立ちをする。〜屋
充填	ジューテン　満たし詰めること。ガスを〜する
修行・修業 (意味の違いは)	シュギョー　修行…悟りを求め仏の教えを実践すること。精神を鍛え学問などを究めること。武者修行　修業…学問技芸などを習い身につけること。板前修業
主従	シュジュー、シュージュー　主君と家臣。〜関係
述懐	ジュッカイ　思い出して述べる。往時を〜する
出国	シュッコク　×シュツゴク。　国外へ出ること。
出獄	シュツゴク　刑務所を出ること。

出入国	シュツニューコク 国を出入りすること。～管理
潤沢	ジュンタク ものが豊富にあること。～な資金
駿馬	シュンメ ×シュンマ。 足のはやいすぐれた馬。
女王	ジョオー ×ジョーオー。 女性の君主。
上梓	ジョーシ 書物を出版すること。著作を～する
成就	ジョージュ できあがること。
装束	ショーゾク 衣装。
常套	ジョートー ありふれた仕方。～手段
少人数	ショーニンズー(ショーニンズ) 「小」人数はコニンズー(コニンズ)。

正念場	ショーネンバ　真価が問われる重要な局面。ここが〜だ
招聘	ショーヘイ　礼を尽くして招くこと。外国人講師を〜する
奨励	ショーレイ　良いこととして勧めること。転作〜金
贖罪	ショクザイ　×トクザイ。　罪ほろぼしをすること。〜の奉仕
嘱託	ショクタク　仕事を任せること。〜医、〜殺人
緒戦	ショセン、チョセン　戦いのはじめの段階。初戦は最初の戦い、第一戦。
食客	ショッカク　×ショッキャク。　いそうろう。
自力	ジリキ　×ジリョク。　自分の力で。〜更生
熾烈	シレツ　勢いが盛んで激しい。〜な戦い

よく使われるのに間違いやすい日本語

仕業	シワザ　行為。鼠小僧の〜だ
塵埃	ジンアイ　×チリゴミ。　ちりやほこり。
塵芥	ジンカイ　ちりあくた。〜処理
鍼灸	シンキュー　鍼ときゅう。〜院、〜師
親近感	シンキンカン　×キンシンカン。　身近で親しみやすい感じ。
深紅	シンク　濃い紅色。真紅も。〜の優勝旗
斟酌	シンシャク　人の心をくみ取ること。情状を〜する
身上 (2通りの読み)	シンショー、シンジョー　シンショー…資産、財産、地位。シンジョー…ねうち、とりえ。
進捗	シンチョク　進み具合。〜状況を報告

| 浸透 | シントー しみとおること。〜するまでは時間が必要 |

| 親睦 | シンボク 仲良くすること。〜会 |

| 人力飛行 | ジンリョクヒコー ×ジンリキヒコー。古くから慣用されている人力車などの場合はジンリキ、その他はジンリョク。 |

| 遂行 | スイコー ×ツイコー。 なしとげること。対義語；未遂（ミスイ）。任務を〜する |

| 推敲 | スイコー ×スイタク。 詩や文章の字句を様々に考えること。韓愈と賈島の故事から。原稿を〜する |

| 垂涎 | スイゼン ×スイエン。 よだれをたらす。うらやましい。〜の的 |

| 数奇（2通りの読み） | スーキ、スキ スーキ…運命のめぐり合わせが悪いこと。〜な運命
スキ…風流。〜をこらす |

| 趨勢 | スーセイ なりゆき。大勢。世の〜は自由化 |

| 杜撰 | ズサン 誤りが多い。〜な計画 |

寂寥	セキリョー　ものさびしいさま。〜感が漂う
赤褐色	セッカッショク、セキカッショク　赤みがかった茶色。〜の壁
席捲(巻)	セッケン　×セキマキ。　片端から侵略する。市場を〜する勢い
折衝	セッショー　あいてとのかけひき。〜にあたる
殺生	セッショー　人や動物を殺すこと。かわいそうなこと。〜を犯す、それは〜だ
折衷	セッチュー　二つ以上の考えなどから良い所を一つにする。和洋〜
刹那	セツナ　×サツナ。　極めて短い時間。〜主義
漸次	ゼンジ　×ザンジ。　次第に、だんだん。ザンジは暫時で、しばらく、の意。〜改良する
漸進的	ゼンシンテキ　×ザンシンテキ。　順をおってだんだんと。

全然	ゼンゼン　否定のときに使うとされるが古くは肯定も。〜美しくない
漸増	ゼンゾー　×ザンゾー。　次第に増えること。
前半	ゼンハン　×ゼンパン。　全般と区別するため。
羨望	センボー　うらやむこと。〜の的
戦慄	センリツ　恐れおののく。〜すべき事件
相殺	ソーサイ　×ソーサツ。　差引ゼロ。これで〜しよう
荘重	ソーチョー　×ソージュー。　荘厳で重々しいこと。〜な楽の音
総花	ソーバナ　×ソーハナ。　機嫌をとるため、当事者全部に恩恵を与えること。〜的な計画
挿話	ソーワ　逸話。エピソード。一〜です

よく使われるのに間違いやすい日本語

陶冶	トーヤ　鍛え育成する。性格が〜される
仄聞	ソクブン　うわさに聞くこと。〜するに
咀嚼	ソシャク　食物をかみ砕くこと。理論を〜して実行する
措置	ソチ　解決のための処置。経過〜として
遜色	ソンショク　劣ったところ。欠点。外国製品に比べ〜ない
忖度	ソンタク　人の心を推し測る。心情を〜する
存廃	ソンパイ　×ゾンパイ。　存続と廃止。
第一日	ダイイチニチ　第と目は重複表現（×第一日目）。
惨敗	ザンパイ（サンパイ）　惨めな負け方をすること。

大上段	**ダイジョーダン** 一番上に振りかぶる。居丈高な態度をとること。〜に構える
大それた	**ダイソレタ** ×オーソレタ。 常識から外れた。とんでもない。
台頭	**タイトー** ×ダイトー。 勢力を得て来ること。新興国が〜する
炬	**タイマツ** 国体のときは炬火(キョカ)、オリンピックは聖火。
松明	**タイマツ** ×マツアカリ。 照明具。〜をかかげる
夢を抱く	**ユメヲイダク** 夢を持つこと。この場合の「抱く」は、心の中にある考えや感情を持つこと。
手繰る	**タグル** ×テグル。 手で引き寄せる。糸を〜、蕎麦を〜
多言を弄する	**タゲンヲロウスル** ×タゴン。 言葉が多いこと。
他言無用	**タゴンムヨー** 「他の人に喋ってはいけない」という意味。

よく使われるのに間違いやすい日本語

磔刑	**タッケイ** ×ケッケイ。　はりつけ。キリストは〜になった
手綱	**タヅナ**　馬を御する綱。〜をゆるめる
荼毘	**ダビ**　火葬。〜に付す
弛まざる	**タユマザル** ×タエマザル。　気持ちが緩むことなく、の意。絶えまざるは絶間なくの誤用。
誰かれ	**タレカレ、ダレカレ**　伝統的にはタレカレ。
端緒	**タンチョ** △タンショ。　慣用読みに統一。物事の始まるきっかけ。事件の〜は
耽溺	**タンデキ**　ふけり溺れること。(多くは悪いことに熱中)。小説に〜する
逐一	**チクイチ** ×チクイツ。　何から何まで全部。いちいち。
逐次	**チクジ**　順をおって。〜改善する

逐電	**チクデン** 後をくらまし逃げること。古くはチクテン。夜陰に乗じ〜する
稚拙	**チセツ** つたないこと。〜な表現で失笑される
蟄居	**チッキョ** 家の中に閉じこもること。閉門蟄居
緻密	**チミツ** きめの細かいこと。〜な頭脳
鋳金	**チューキン** ×チョーキン。 溶かした金属を鋳型に入れ器物や彫刻を作ること。鋳造。
中古	**チューコ、チューブル** ニュアンスによって使い分ける。但し中古車・中古品はチューコ。
柱石	**チューセキ** 柱とも礎とも頼みにする人。特に国家団体などの中心人物。
抽籤	**チューセン** くじびき。〜で決定　放送での表記は「抽せん」。
鋳造	**チューゾー** ×イゾー。 溶かした金属を鋳型に流し込み、成形してものを作ること。貨幣を〜する

躊躇	**チューチョ** ためらうこと。金を貸すのを〜する
偸盗	**チュートー** ×ユトー。 盗人。
稠密	**チューミツ** 密集すること。人口〜な地帯
長広舌	**チョーコーゼツ** ×ナガ〜。 長々しゃべり立てる。元々は広長舌から産まれたことば。〜をふるう
肇国	**チョーコク** 建国。この国の〜は
手水	**チョーズ** ×テミズ。 手や顔を洗う水。お手洗い。〜を使う
調達	**チョータツ** ×チョーダツ。 外部から品物などを用立てること。〜伝票
打擲	**チョーチャク** 人をたたくこと。〜を加える
蝶番	**チョーツガイ** 開き戸、蓋などに用いる金具。ヒンジ。〜がきしむ

重複	**チョーフク** △ジューフク。 かさなること。伝統的にはチョーフク。〜するかもしれないが
重用	**ジューヨー、チョーヨー** 役がらを重く用いること。優秀な人材を〜する
凋落	**チョーラク** おちぶれること。すっかり〜して…
直截	**チョクセツ** ×チョクサイ。 ずばりということ。〜簡明
貯水池	**チョスイチ** ×チョスイイケ。遊水池はユースイチ。
緒論	**チョロン、ショロン** 本論の端緒となる議論。
椿事	**チンジ** 思いがけない大事件。〜出来(シュッタイ)
珍重	**チンチョー** 大切にすること。日本では海鼠を〜する
追悼	**ツイトー** 死者をしのびいたむこと。〜の意を表す

| 慎ましい | ツツマシイ 控えめでしとやかな。質素な。気後れがする。 |

| 九十九折 | ツヅラオリ ×ツヅレオリ。 くねくね曲がっている(道)。日光の〜 |

| 粒 | ツブ 助数詞のとき「リュー」はとらない。 |

| 倹しい | ツマシイ 約しいとも書く。無駄づかいをしない。質素で控えめである。 |

| 庭訓 | テーキン 家庭の教え。妹背山婦女庭訓(歌舞伎の外題。イモセヤマオンナテーキン) |

| 体裁 | テーサイ 外から見た様子。〜を整える |

| 低迷 | テーメー ×テーマイ。 好ましくない状態が続いていること。 |

| 敵愾心 | テキガイシン 敵に対する憤り。〜を持つ |

| 適宜 | テキギ 適当に。〜使用する |

金の出所	デドコロ　△デドコ。　シュッショと読むのは、「出自。刑期を終え刑務所から出ること」の意のとき。
転嫁	テンカ　他人のせいにする。責任を～する
点綴	テンテツ　×テンセツ。　あちこち綴り合わせること。正しくはテンテイ。誤用が定着。
伝播	デンパ　×デンパン。　波や音が伝わること。文化の～
等	トー、ナド　トー…法律などで。ナド…一般的に他にもあることを示す場合。
恫喝	ドーカツ　おどしておびえさせること。～を加える
慟哭	ドーコク　声をあげて泣くこと。死去の報に～する
謄写版	トーシャバン　ガリ版。～印刷
踏襲	トーシュー　受け継ぐこと。先例を～する

よく使われるのに間違いやすい日本語

搭乗	トージョー　乗り込むこと。飛行機に〜する
登場	トージョー　×トジョー。　舞台や場面にあらわれること。登城はトジョー。
淘汰	トータ　不要のものを除くこと。自然〜
統治	トーチ　×トージ。　国を治める、支配する。島の委託〜
獰猛	ドーモー　×ネーモー。　性質が荒くたけだけしいこと。〜な犬
通り掛り	トーリガカリ(名詞)、トーリカカル(動詞)　同様に名詞と動詞で清濁読みかえる語あり。(帰りがけ、帰りかけるなど)。
逗留	トーリュー　滞在すること。湯治のため〜する
匿名	トクメー　実名を隠す。〜通報
咄嗟	トッサ　あっという間。〜の判断で

届け出	トドケデ、トドケイデ 役所、学校などに申し出ること。「届け出る」は「トドケデル」のみ。
滞る	トドコール 物事が順調に進まないこと。借金の返済が〜
土塀	ドベー ×ドヘー。 土で作った塀。
乃至	ナイシ …から…まで。(3名〜4名)。…あるいは…。(北〜北西の風)。
就中	ナカンズク ×シューチュー。 なかでも。学科のうち〜理科が得意
馴染	ナジミ 慣れ親しむこと。〜客
捺印	ナツイン なるべく「印(判)を押す」といいかえる。署名〜
納得	ナットク 得心する。心の底からよしとする。〜ずくで
名主 (村の〜:江戸時代)	ナヌシ ×メーシュ。 領主の下で村政を担当した村の長。

よく使われるのに間違いやすい日本語

生半可	ナマハンカ　中途半端。未熟。〜な知識
難渋	ナンジュー　すらすら運ばない。
担う	ニナウ　責任を分担する。役割を〜
入国	ニューコク　×ニューゴク。　その国に入ること（ニューゴクは入獄）。〜審査
如実	ニョジツ　実際の通り。
微温湯	ヌルマユ　×ビオントー。　温度の低い湯。〜につかる
捻出	ネンシュツ　ひねりだすこと。
長閑	ノドカ　穏やか。〜な春の日
暖簾	ノレン　布で作った店の看板。店の信用・格式。営業権。〜にかかわる（このときは信用格式）

惚気	ノロケ　自分の恋人などとのむつまじさを喋ること。〜たっぷり
狼煙	ノロシ　煙で行う通信。烽火・狼烟とも。〜を上げる
把握	ハアク　物事をしっかり理解すること。現状を〜する
剝がす	ハガス　塗料など(薄いもの)を取り除く。薄紙を剝ぐように快方に向かう。
剝奪	ハクダツ　はぎとること。
白梅	ハクバイ、シラウメ　湯島の〜(シラウメ)
剝離	ハクリ　はがれること。表皮が〜する
暴露	バクロ　秘密をあばくこと。過去を〜する
刷毛	ハケ　ブラシ。〜でペンキを塗る

覇権	ハケン　武力で相手を押さえ、得た権力。優勝者。〜を争う
初め	ハジメ、ソメ、ゾメ　書初め(カキゾメ)×カキハジメ。　馴初め(ナレソメ)　月初め…ツキハジメ。
破綻	ハタン　×ハジョー。　破れほころびる。計画が〜する
抜粋	バッスイ　要所を抜き出す。
初体験	ハツタイケン(ショタイケン)　なるべく「初めての経験、体験」といいかえる。こんなことは〜だ
抜擢	バッテキ　×バッタク。　順序を考えずに優秀なものを採用する。〜人事
法度	ハット　×ホート。　禁止されている事柄。不義はお家の〜
波濤	ハトー　大波。〜を越えて
馬匹	バヒツ　×バヒキ。　馬のこと。一匹二匹と数えることから。〜輸送車

腹八分目	ハラハチブンメ ×ハラハチブメ。「腹八分」は「ハラハチブ」。
孕む	ハラム 妊娠する。穂が出そうになってふくらむこと。危機を〜んだ
春蚕	ハルゴ 春にふ化飼育する蚕。
判（紙の大きさ）	バン 紙や書籍の大きさの原則はバン。A5判 B5判はハンと発音してもよい。「A5の大きさの紙」としたほうが無難。
万感	バンカン 様々な想いが交錯する。〜迫る想い
磐石（盤石）	バンジャク しっかりした基盤の大石。〜の構え
反芻	ハンスー くり返し考え味わう。牛は〜動物。
万全	バンゼン ×マンゼン。 完全で少しの手落ちもないこと。〜を期して
範疇	ハンチュー 同じ性質のものが属する部類のこと。

万難	バンナン ×マンナン。 多くの困難。 ～を排して
反駁	ハンバク 反論すること。論に～する
煩悶	ハンモン 悩みもだえること。～懊悩
凡例	ハンレー ×ボンレイ。 本の初めの例言。地図の～
贔屓	ヒーキ 特に目を掛けること。～筋
比肩	ヒケン 肩をならべること。世界に～する成果
非業	ヒゴー 思いがけない災難。～の死を遂げる
飛翔	ヒショー 空中を飛び、かけること。大空に～する
浸す	ヒタス ×シタス。 液体の中につける。ぬらす。

畢竟	ヒッキョー　つまり、結局。
必定	ヒツジョー　×ヒッテー。　必ずそうなることが決まっている（古風）。味方の勝利は〜じゃ
逼迫	ヒッパク　事態が差し迫ること。財政が〜する
秘湯	ヒトー　×ヒユ。　人にあまり知られていない温泉。
一入	ヒトシオ　一層。感慨も〜でしょう
一役	ヒトヤク　ひとつの役目・役割。〜買う
氷室	ヒムロ　氷を保存する部屋。氷屋。
姫御前	ヒメゴゼ　×ヒメゴゼン。　若い女性。身分ある姫。
平仄	ヒョーソク　話のつじつまや物事の道理。元は漢字の四声。〜があわない

平等	ビョードー ×ビョートー。 偏りや差別がないこと。
標榜	ヒョーボー 主義主張などを公然とかかげること。
賓客	ヒンキャク 大事な客。〜を迎える
頻出	ヒンシュツ しきりに現れること。
便乗	ビンジョー 巧みに利用すること。〜値上げ
頻繁	ヒンパン しばしば。〜に訪れる
吹聴	フイチョー 言いふらすこと。噂を〜する
訃音	フイン 人の死の知らせ。訃報。〜に接する
封切り	フーキリ 映画の一般公開の始め。〜館

風袋	フータイ　容器の重さ。〜込みで1キロ
俯瞰	フカン　高いところから見下ろすこと。類語；鳥瞰。
風情	フゼー　味わいのある感じ。触れなば落ちん〜
符牒	フチョー　仲間内だけで通じる合図の隠語。独特の〜で言い交わす
物故	ブッコ　人が死ぬこと。〜者名簿
払拭	フッショク　×フッシキ。　ぬぐい去る。疑惑を〜する
払底	フッテイ　すっかりなくなる。
蒲団・布団	フトン　寝具。〜と枕
不仲	フナカ　×フチュー。　仲が悪いこと。誰と誰の〜説

不憫	フビン　かわいそうな。
訃報	フホー　人の死の知らせ。訃音、悲報。 〜に接する
不用心	ブヨージン　悪いことが起こらないよう気をつけていないこと。無用心とも書く。
無聊	ブリョー　退屈。アンニュイ。〜を慰める
紛糾	フンキュー　もつれ乱れること。
分銅	フンドー　×ブンドー。　目方をはかるときに標準となるおもり。フンドンとも。
分度器	ブンドキ　×フンドキ。　角度を測定するための器具。
平易	ヘーイ　×ヘーエキ。　やさしくわかりやすいこと。〜な叙述
平生	ヘーゼイ　×ヘーセイ。　普段。〜は晴耕雨読

辟易	ヘキエキ 閉口する。うんざりする。
編纂	ヘンサン いろいろな資料を集めて整理し、一つの書物にまとめること。
偏重	ヘンチョー ×ヘンジュー。 片方ばかり重んじる。知識〜のクイズ
返戻	ヘンレー もらったものをかえす。参考・戻入(レーニュー)…金銭などを元に戻し入れること。〜金
母音	ボイン ×ボオン。 アイウエオの5音。
彷徨	ホーコー さまよい歩くこと。類語；徘徊(ハイカイ)。山中を〜する
呆然	ボーゼン あっけにとられること。
反故(反古)	ホゴ(ホグ) 役にたたない紙切れ。約束を〜にする
埃	ホコリ 細かいゴミ。土〜、〜を払う

発足	ホッソク ×ハッソク。 組織・団体などが設立されて活動を始めること。
発端	ホッタン 物事の始まり。
解れ	ホツレ ほどけて乱れること。解髪(ホツレガミ) 解毛(ホツレゲ)
炎	ホノオ ×ホノホ、×ホノー。 燃焼する気体が熱と光を発している部分。
頰笑み	ホホエミ ×ホーエミ。
奔走	ホンソー 駆け回る。就職活動に〜する
埋没	マイボツ 埋もれ隠れる。
瞬く間	マタタクマ 瞬間。シバタタク参照。〜に食べる
真向	マッコー 真正面。〜から反対する

愛弟子	マナデシ ×アイデシ。 期待をかけ、かわいがっている弟子。~に相伝
目深	マブカ 帽子などを目が隠れるほど深くかぶること。
万華鏡	マンゲキョー 鏡を中に組み込んだおもちゃ。~のような景色
満腔	マンコー ×マンクー。 身体中に満ちていること。~の謝意を表す
万力	マンリキ ×バンリキ。 ネジで材料をはさむ工具。
瑞々しい	ミズミズシイ 若々しく美しい。~肌
蜜月	ミツゲツ ×ミツヅキ。 結婚したての頃。親密な関係にあること。
水面（スイメン以外の読みで）	ミノモ、ミナモ ミノモは雅語。「スイメン」のこと。
耳障り	ミミザワリ ×耳障りがよい。 歯触り、肌触りとの混同に注意。耳障りは悪感情。キーキーと~な音がする

無垢	ムク　けがれない。金(キン)〜
目処(目途)	メド　目算、予想。〜がたたない　「目途」はモクトとも。
面子	メンツ　体面。面目。〜がつぶれる
面目(2通りの読み)	メンモク、メンボク　両用可。
燃え盛る	モエサカル　さかんに燃える形容。たきぎが〜　×燃えたぎる。
亡者	モージャ　×ナキモノ。　死んで浮かばれない人の魂。金の〜
木道	モクドー　×ボクドー。　尾瀬沼や日光などの湿地帯で、板や木を渡して作った人道。
沐浴	モクヨク　×リンヨク。　体を洗って清めること。斎戒〜
物足りない	モノタリナイ　×もの足らない。　なんとなく満足できないこと。

文言	モンゴン　ことば。〜に残す
門扉	モンピ　門の扉。〜を閉ざす
矢先	ヤサキ　まさに始まる前に。注意した〜（過去形）は×。注意しようとした〜に
家主	ヤヌシ、イエヌシ　貸し家の持ち主。一家の主人。
山川（2通りの読み）	ヤマカワ、ヤマガワ　ヤマカワ…山と河。ヤマガワ…山の中を流れる川。
山姥	ヤマンバ　×ヤマウバ。　山に住むという伝説の悪老女。
揶揄	ヤユ　からかうこと。〜する
唯一	ユイイツ　×ユイツ。　ただ一つだけ。〜現存する
由緒	ユイショ　来歴。〜ある、〜正しき

よく使われるのに間違いやすい日本語

油然	ユーゼン ×ユゼン。 盛んに起こるさま。雲が〜と湧く
尤物	ユーブツ 優れたもの、美人。
湯桶読み	ユトーヨミ 訓+音の熟語読み。音+訓は重箱読み。〜と重箱読み
緩める	ユルメル ×アタタメル。 締め付ける力を弱くする。緊張を解く。
夭折	ヨーセツ ×ヨーセー。 若くして死ぬこと。ヨーセーは夭逝。〜した天才
四方山(〜話)	ヨモヤマ 世間。さまざまな(世間話)。〜話に花が咲く
世論	ヨロン ×セロン。 世間の政治的な大勢を占める意見。元々「輿論(ヨロン)」だったが当用漢字で置き換え。〜が許さない
輿論	ヨロン ×コーロン。 同上。
礼賛	ライサン 誉めたたえること。美味〜

落丁	**ラクチョー** ×ラクテー。 本のページの脱落。〜乱丁（ランチョー）
乱行	**ランギョー** ×ランコー。 行いが乱れていること。御〜が続く
利益（2通りの読み）	**リエキ、リヤク** リエキ…（一般）。リヤク…神仏から受ける恩恵。霊験。神仏のご〜
裏面	**リメン** ×ウラメン。 裏側の面。表に現れない部分。政界の〜工作
流刑	**リューケイ、ルケイ** 刑として辺地に流すこと。古くはルケイ。流罪はルザイ。
量目	**リョーメ** ×リョーモク。 物をはかりではかった重さ。〜不足
輪廻	**リンネ** 生死を重ねること。〜転生
流転	**ルテン** たえず移り変わること。生々〜、〜生死（ショージ）、〜輪廻
流布	**ルフ** 世間にひろまること。一般に〜された見解

黎明	**レーメー** ×リョーメイ。　夜明け。日本の〜　明治時代
狼狽	**ローバイ**　慌てふためくこと。周章〜
呂律	**ロレツ**　ものをいう調子。〜が回らないほど酔う
論駁	**ロンバク**　他人の説や誤りを批難し、反論すること。既存の学説に〜する
歪曲	**ワイキョク**　故意にゆがめること。意図を〜された
悪口	**ワルクチ、ワルグチ**　「悪口雑言」はアッコーゾーゴン。

数詞の読み方〈ふろく〉

※基本はイチ・ニ・サン・ヨン・ゴ・ロク・ナナ・ハチ・キュー・ジュー。一方で、ヒト・フタ・ミ・ヨ・イツ・ム・ナナ・ヤ・ココノ・トの系統のものもあり、慣用により形は様々。

※特に頻出する例・誤りやすい例を挙げておきます。参考にしてください。
（　）内は場合により発音してもよいことを示します。

か行

回	イッカイ、サンカイ、ハチカイ(ハッカイ)
階	イッカイ、サンガイ(×サンカイ)、ヨンカイ、ハチカイ(ハッカイ)
回忌	サンカイキ(1、2は無し)、シチカイキ
階級	イチカイキュー(イッカイキュー)、ハチカイキュー
巻	イッカン、ニカン、ハチカン(ハッカン)

缶	ヒトカン、フタカン、ハチカン
貫、貫目	イッカン、ニカン、サンガン(×サンカン)、ハチカン(ハッカン)、ヒャッカン、センガン
球、球目	イッキュー、ハチキュー
口	ヒトクチ、フタクチ、ミクチ、ヨクチ(ヨンクチ)、ゴクチ(イツクチ)、ハチクチ
組	ヒトクミ、フタクミ、サンクミ(ミクミ)、ヨンクミ(ヨクミ)、ゴクミ(イツクミ)、ハチクミ
クラス	ヒトクラス、フタクラス、サンクラス、ヨンクラス、ハチクラス(ハックラス)
桁	ヒトケタ、フタケタ、ハチケタ(ハッケタ)
件	イッケン、サンケン(×サンゲン)、ヨンケン、ハチケン
軒	イッケン、サンゲン(×サンケン)、ヨンケン、ハチケン(ハッケン)

戸	イッコ、ハチコ
個	イッコ、ハチコ(ハッコ)

さ行

皿	ヒトサラ、フタサラ、ミサラ、ヨサラ(ヨンサラ)、ゴサラ(イツサラ)、ロクサラ、ハチサラ、ジ(ュ)ッサラ(トサラ)
時	イチジ、シチジ
品	ヒトシナ、フタシナ、ミシナ(サンシナ)、ヨシナ(ヨンシナ)、ゴシナ(イツシナ)、ロクシナ、ハチシナ、キューシナ、ジ(ュ)ッシナ
尺	イッシャク、サンジャク、ハッシャク、キューシャク(クシャク)
首	イッシュ、ハッシュ
種	イッシュ、ハッシュ(ハチシュ)

週	イッシュー、ハッシュー
周	イッシュー、ハッシュー
周年	イッシューネン、ハッシューネン(ハチシューネン)
種目	イッシュモク、ハッシュモク(ハチシュモク)
種類	イッシュルイ、ハッシュルイ(ハチシュルイ)
畳	イチジョー、ヨジョー(ヨンジョー)、キュージョー(クジョー)
寸	イッスン、サンズン、キュースン(九寸五分〈短刀の意味〉は**クスンゴブ**)
世紀	イッセーキ、ハッセーキ
世帯	イッセタイ、ハッセタイ(ハチセタイ)

戦	イッセン、ハッセン
揃い	ヒトソロイ、フタソロイ、ミソロイ 「三つぞろい」(洋服)は別

た行

代目	イチダイメ、ヨンダイメ、ナナダイメ、キューダイメ
代目(芸能)	ショダイ、ヨダイメ、シチダイメ、クダイメ
段(段位)	ショダン、ヨダン、シチダン(ナナダン)、クダン
段(階)	イチダン、ヨンダン(ヨダン)、ナナダン(シチダン)、キューダン
月	ヒトツキ、イツツキ、トツキ
度	イチド、キュード(体温はクド)

| 通り | ヒトトーリ、フタトーリ、ミトーリ(サントーリ)、ヨトーリ(ヨントーリ)、ハチトーリ(ハットーリ) |

な行

| 人前 | イチニンマエ、ニニンマエ |

は行

鉢	ヒトハチ、フタハチ、ミハチ、ヨハチ(ヨンハチ)、ゴハチ、ロクハチ、ハッパチ
パック	ヒトパック(△イチパック)、フタパック(ニパック)、サンパック、ナナパック
第○番	ダイイチバン、ダイヨンバン、ダイナナバン、ダイキューバン(ダイクバン)
発	イッパツ、サンパツ、ヨンパツ(ヨンハツ)、ロッパツ(ロクハツ)、ハッパツ
犯	イッパン、サンパン、ヨンパン、ハチハン(ハッパン)

版	イッパン(ショハン)、サンパン、ヨンパン、ロッパン(ロクハン)、ハチハン(ハッパン)
A, B○判	(紙のサイズ) 全紙(ゼンシ)、ニ、サン、ヨン、ゴ、ロク、…(専門家はすべて「バン」と言うが、一般には揺れているので、「A4の大きさの紙」と言い換えてもよい。)
匹	イッピキ、ニヒキ、サンビキ、ロッピキ(ロクヒキ)、ハチヒキ(ハッピキ)、ヒャッピキ、センビキ
票	イッピョー、サンビョー、ロッピョー(ロクヒョー)、ハチヒョー(ハッピョー)、ヒャッピョー、センビョー
袋	ヒトフクロ、フタフクロ、ミフクロ(サンフクロ)、ヨフクロ(ヨンフクロ)、ゴフクロ(イツフクロ)、ジ(ュ)ップクロ(トフクロ)
ページ	イチページ(イッページ)、ロクページ(ロッページ)、ハチページ(ハッページ)
部屋	ヒトヘヤ、フタヘヤ、ミヘヤ、ヨヘヤ(ヨンヘヤ)、ゴヘヤ(イツヘヤ)、ジ(ュ)ッヘヤ(トヘヤ)
遍	イッペン、ニヘン、サンベン、ヨンヘン、ロッペン、ハチヘン(ハッペン)、ヒャッペン
編	イッペン、ニヘン、サンペン、ヨンペン、ロッペン(ロクヘン)、ハチヘン(ハッペン)

歩	イッポ、サンポ(サンボ)、ヨンホ、ロッポ、ハチホ(ハッポ)、ヒャッポ、センボ
ポイント	イチポイント(イッポイント)、ナナポイント(シチポイント)、ハチポイント(ハッポイント)

ま行

棟	ヒトムネ、フタムネ、サンムネ(ミムネ)、ヨンムネ(ヨムネ)、ゴムネ(イツムネ)、ロクムネ

ら行

里	イチリ、ヨリ、シチリ、クリ

わ行

羽	イチワ、サンバ、ロッパ(ロクワ)、ハチワ(ハッパ)、ジ(ュ)ッパ(ジューワ)、ヒャッパ(ヒャクワ)、センバ

数字を含む慣用語〈ふろく〉

「二」を含む語

二聖（書道）	嵯峨天皇、空海
二聖（和歌）	柿本人麻呂、山部赤人

「三」を含む語

三種の神器	八咫の鏡、草薙の剣（天叢雲の剣とも）、八坂瓊の勾玉
三界	欲界、色界、無色界
三管（雅楽）	笙、篳篥、笛
三関（サンゲンとも）	鈴鹿（伊勢）、不破（美濃）、愛発（越前）、後に逢坂（近江）

三関(奥羽)	勿来、白河、念珠
三国	日本、唐(中国)、天竺(インド)
三鏡(サンカガミとも)	大鏡、水鏡、増鏡
三原色	(光)赤、青、緑 (印刷)青緑、赤紫、黄
三権	司法、行政、立法
党三役	(自民)幹事長、総務会長、政調会長
労働三法	労働組合法、労働基準法、労働関係調整法
三冠王(野球)	首位打者、ホームラン王、打点王(打率、打点、本塁打)
三冠馬(競馬)	皐月賞、日本ダービー、菊花賞

数字を含む慣用語

大和三山(さんざん)	畝傍山(うねびやま)、耳成山(みみなしやま)、天香具山(あまのかぐやま)
白馬(しろうま)**三山**	白馬岳(しろうまだけ)、杓子岳(しゃくしだけ)、鑓ヶ岳(やりがだけ)
出羽(でわ)**三山**	月山(がっさん)、湯殿山(ゆどのさん)、羽黒山(はぐろさん)
熊野(くまの)**三山**	新宮(しんぐう)、本宮(ほんぐう)、那智(なち)
三大北壁	アイガー、マッターホルン、グランドジョラス
三社(さんしゃ)	伊勢神宮、石清水八幡宮(いわしみずはちまんぐう)、賀茂(かも)神社
三絃	琵琶、箏(そう)、和琴(わごん)
京都三大祭り	葵祭(あおいまつり)、祇園祭(ぎおんまつり)、時代祭(じだいまつり)
日本三景	宮島、天橋立(あまのはしだて)、松島

三名園	岡山後楽園、水戸偕楽園、金沢兼六園
寛政三奇人	蒲生君平、高山彦九郎、林子平
維新三傑	大久保利通、木戸孝允、西郷隆盛
平安三筆	嵯峨天皇、橘逸勢、空海
三蹟	小野道風、藤原佐理、藤原行成
阿弥陀三尊	阿弥陀如来、観音菩薩、勢至菩薩
釈迦三尊	釈迦如来、文殊菩薩、普賢菩薩
三大河	利根川（坂東太郎）、筑後川（筑紫次郎）、吉野川（四国三郎）
三代集	古今和歌集、後撰集、拾遺集

三大門（平安京） （さんだいもん）	羅城門(羅生門)、朱雀門、応天門
三宝 （さんぽう） （帰依すべき三つの宝）	仏、法、僧
三大珍味	トリュフ、キャビア、フォアグラ

「四」を含む語

北方四島	択捉、国後、歯舞、色丹
四書五経	大学、中庸（『礼記』の中の二篇）、論語、孟子が四書 易経、書経、詩経、春秋、礼記の五経
四声（音楽）	ソプラノ、アルト、テナー、バス
四君子 （しくんし）	梅、菊、蘭、竹 （その高潔な美しさを君子にたとえたもの）
四神 （しじん）	(東)青竜（せいりょう）、(西)白虎（びゃっこ）、(南)朱雀（しゅじゃく）、(北)玄武（げんぶ）

数字を含む慣用語

ゴルフ四冠	全英オープン、全米オープン、全米プロ、マスターズトーナメント
四大悲劇	マクベス、リア王、ハムレット、オセロ
四大奇書（中国）	西遊記、水滸伝、金瓶梅、三国志演義
四座（よざ）	観世（かんぜ）、金春（こんぱる）、宝生（ほうしょう）、金剛（こんごう） （喜多流を入れ四座一流）
四姓（しせい）	源、平、藤原、橘
四天王（仏教）	(東)持国天、(西)広目天、(南)増長天、(北)多聞天
四天王（源頼光（みなもとのよりみつ））	渡辺綱（わたなべのつな）、坂田金時（さかたのきんとき）、碓井貞光（うすいさだみつ）、卜部季武（うらべのすえたけ）
中国四大料理	四川、広東、上海、北京

「五」を含む語

五穀	米、麦、粟、豆、黍(きび)(または稗(ひえ))
五経	易経、書経、詩経、春秋、礼記
五戒	不殺生戒(ふせっしょう)、不偸盗戒(ふちゅうとう)、不邪淫戒(ふじゃいん)、不妄語戒(ふもうご)、不飲酒戒(ふおんじゅ)
五街道	東海道、中山道、日光街道、甲州街道、奥州街道
五畿内	山城、大和、河内、和泉、摂津
五山(ござん)(京)	天竜寺(てんりゅうじ)、相国寺(しょうこくじ)、建仁寺(けんにんじ)、東福寺(とうふくじ)、万寿寺(まんじゅじ)
五山(ござん)(鎌倉)	建長寺(けんちょうじ)、円覚寺(えんがくじ)、寿福寺(じゅふくじ)、浄智寺(じょうちじ)、浄妙寺(じょうみょうじ)
五節会(ごせちえ)	元日、白馬(あおうま)(1/7)、踏歌(とうか)(1/14)、端午(たんご)(5/5)、豊明(とよ(の)あかり)(11月)

数字を含む慣用語

五節句	人日（じんじつ）、上巳（じょうし）、端午、七夕、重陽（ちょうよう）
五冠馬（競馬）	皐月賞、日本ダービー、菊花賞、天皇賞、有馬記念
五人囃子	地謡（じうたい）、笛、太鼓、大鼓、小鼓
富士五湖	山中湖、河口湖、本栖湖（もとす）、西湖（さい）、精進湖（しょうじ）
阿蘇五岳（あそごがく）	烏帽子岳（えぼし）、杵島岳（きしま）、高岳（たか）、中岳、根子岳（ね）

「六」を含む語

六道（ろくどう）	地獄、餓鬼、畜生、修羅、人（間）、天（上）
六国史（りっこくし）	日本書紀、続日本紀（しょくにほんぎ）、日本後紀（にほんこうき）、続日本後紀、文徳実録（もんとくじつろく）、三代実録（さんだいじつろく）
六法	憲法、民法、商法、民事訴訟法、刑法、刑事訴訟法

六書（りくしょ）	象形、指事、会意、形声、転注、仮借の漢字字形の構成
六国（りっこく）	斉、楚、燕、韓、魏、趙
六経（りっけい）	易経、書経、詩経、春秋、礼記、楽経（がくけい）
六歌仙（ろっかせん）	在原業平（ありわらのなりひら）、僧正遍昭（そうじょうへんじょう）、喜撰法師（きせんほうし）、大伴黒主（おおとものくろぬし）、文屋康秀（ふんやのやすひで）、小野小町（おののこまち）
六根（ろっこん）	眼（げん）、耳（に）、鼻（び）、舌（ぜつ）、身（しん）、意（い）
六曜（ろくよう）（六輝（ろっき））	先勝（せんしょう）、友引（ともびき）、先負（せんぶ）、仏滅（ぶつめつ）、大安（たいあん）、赤口（しゃっく）

「七」を含む語

虹の七色	赤、橙、黄、緑、青、藍、紫
七味	胡椒、胡麻、陳皮（ちんぴ）、山椒、罌粟の実（けしのみ）、菜種、麻の実

春の七草	芹、薺(なずな)、五行(ごぎょう)、はこべら、仏の座、すずな、すずしろ
秋の七草	萩、尾花、葛、撫子、女郎花(おみなえし)、藤袴(ふじばかま)、桔梗
七つ道具	(武士の)具足、刀、太刀、弓、矢、母衣(ほろ)、兜
七福神	大黒天、恵比須三郎、弁才天女、毘沙門天、寿老人、布袋和尚、福禄寿
芭蕉七部集	冬の日、春の日、曠野(あらの)、ひさご、猿蓑(さるみの)、炭俵、続猿蓑
七堂伽藍	金堂、講堂、塔婆(とうば)、経蔵(きょうぞう)、鐘楼、僧坊(そうぼう)、食堂(じきどう)(宗派により違(ちが)う)
七宝(しちほう)	金、銀、瑠璃(るり)、玻璃(はり)、しゃこ、珊瑚(さんご)、瑪瑙(めのう)。七宝焼(しっぽうや)きは「シッポー」。

「八」を含む語

近江八景

比良の暮雪、矢橋の帰帆、石山の秋月、瀬田の夕照、三井の晩鐘、堅田の落雁、粟津の晴嵐、唐崎の夜雨

索引

あ

愛敬を振りまく……26
匕首……202
挨拶……279
愛想……279
愛憎……279
生憎……279
合いの手を入れる……241
曖昧……280
隘路……280
和物……162
青田買い……27
青柳……154
赤銅色……306
足掻く……189
赤子……210,266
贖う……189
明るみに出る……27
秋蚕……135
秋田犬……135
明らかになる……27
灰汁……163
悪食……163
悪手……206
悪玉……179
欠伸……189
悪夢にうなされる……32
胡座……189
明け……70
揚足……280
揚げ足を取る……27
挙句……167
開け閉て……215
総角……194
海豹……135
鯵……152
味気ない……280
足げにする……27
悪手……206
馬酔木……130
網代……96
足をすくう……27
飛鳥時代……121

小豆……156,262
四阿（東屋，阿舎）……169
校倉……196
馬酔木……130
アタッシェケース……23
当り年……27
悪口雑言……236,253
斡旋……280
誂える……280
軋轢……280
当推量……280
後足……258
後作……100
後攻め……64
後山……88
姉さん被り……194
家鴨……135
鐙……196
信天翁……135
海女……97
甘酒……159
天邪鬼……104
雨よけ……14,280
菖蒲……133
害める（殺める）……49
荒磯……97
荒げる……189
新手……206,265
新巻……155
荒らげる……189
粗利……40
霰……69
あり得る……15,281
荒磯……97
有体……281
袷……194
鮑……152
泡を食う……32
行火……216
行脚……104
行在所……43
庵室……169
杏子……161
安息日……104,256

行燈……197
安穏……281
塩梅……281

い

許嫁……211
家……283
家並……214
家主……337
硫黄島……13,46
烏賊……154
怒り心頭に発する……27
斑鳩……121,273
生き腐れ……154
経緯……257
生き様……281
閾値……78,269
幾重……281
藺草……130
活魚……152
生贄……281
生花……171,265
衣桁……195
十六夜……74
漁り火……97
縊死……49
意志・意思……281
石工……281
異存……282
依存……282
板子……97
虎杖……130
一衣帯水……227
一見……282
一言居士……227,253
一期一会……227
一言一句……253
一言半句……227
無花果……161
一日千秋……228
一日の長……228
一汁一菜……228
一途……179,254
一段階……282

一段落	8,228
一日千秋	228
一念発起	228
一姫二太郎	27
一目置く	19,241
公孫樹、銀杏、鴨脚樹	130
一縷	282
一羽	222
一階	223
一家言	228
一矢をむくいる	241
一生懸命	228
一所懸命	228
一世一代	228
一石二鳥	229
一足飛び	12,229
一朝一夕	13,229
一対	223
一途	179,254
一頭地を抜く	229
一に	223
一敗地に塗れる	229
一本刀	282
夷狄	121
厭う	189
亥年	73
蝗	135
稲架	101
稲荷	104
稲わら	100
犬	282
衣鉢	282
茨城県	9,58
茨木市	9,58
息吹	283
燻銀	179
今業平	168
今様	172
意味深長	229
異名	179
稲熱病	101
嫌気	40,258
入り	70
入会権	283
入相の鐘	72
入母屋	196
刺青	283
色紙	263
引火	49
因業	180
因循姑息	229
飲食物	161
姻戚	213
隠匿	49
因縁	283
隠避	50
湮滅	50
隠喩	283

う

鵜	136
初産	81,264
初陣	121
有為転変	229
初孫	210
ウイルス	86
外郎	161
上野	59,265
上を下への大騒ぎ	27
魚かす	102
魚釣り	283
鵜飼い	201
浮彫りにする	242
有卦に入る	242
胡散くさい	283
潮汁	155
潮煮	155
鵜匠	201
後足	258
後髪	242
雨水	74
鶯替え	105
謡い初め	172
家	283
内法	89
団扇	217
打つ	283
映る	284
独活	157
有徳（有得）	180
卯年	72
饂飩	162
促す	190
雲丹	154
有髪	105
産着（衣）	222
産毛	87
産土神	105
産湯	211
馬主	66
馬番連勝	66
厩	284
海霧	69
烏有	284
紆余曲折	230
盂蘭盆	105
売捌所	284
粳米	156
上手	65,264
上屋	284
温州蜜柑	161
云々する	190
雲母	78

え

H	26
栄華	17,284
曳航	92
嬰児	50
役務賠償	50
回向	105
会者定離	105
謁見	44
悦に入る	242
得手	284
干支	72
会得	284
胞衣	81
恵方	105
烏帽子	168
衣紋	195
選り好み	284
選り選る	285
得る	285
演繹	79
円滑	285
塩干（乾）魚	154

婉曲 … 285	奥日向 … 58	御曹司(子) … 214
冤罪 … 50	小倉餡 … 162	御大 … 286
エンターテイナー … 23	小倉百人一首 … 167	穏形 … 122
エンターテインメント … 23	後毛 … 87	女形 … 174,260
堰堤 … 96	おざなり … 22	女手一つで育てる … 28
役(の)行者 … 105	治まる … 192	怨念 … 286
	押しせまって … 286	御柱祭 … 58
お	お七夜(御~) … 196	乳母日傘 … 230
	押しつまって … 286	陰陽師 … 122
追銭 … 242	押しも押されもせぬ … 20,28	
老耄 … 180	和尚 … 106	**か**
花魁(華魁) … 198	押すに押されぬ … 20,28	
老いる … 190	御題 … 286	櫂 … 91
雄牛 … 17,136	お店者 … 201	開眼 … 255
御会式 … 105	お旅所 … 199	甲斐絹 … 195
大歌舞伎 … 174	小田原評定 … 230	甲斐犬 … 286
大鼓 … 174,268	落人 … 122	開眼 … 255
奥義 … 285	夫 … 167	開眼法要 … 106
大君 … 11,44	音 … 286	改竄 … 50
大桟橋 … 58	御伽話 … 286	膾炙 … 287
大地震 … 10,76	脅し取る … 50	介錯 … 122
大芝居 … 285	自ら … 261,286	買春 … 56,255
黄綬褒章 … 44	自ずから … 286	海神 … 106
逢瀬 … 285	戦く … 190	凱旋 … 287
殴打 … 50	十八番 … 174,262	懐中物 … 220
大店 … 90	大原女 … 200	灰白色 … 287
大晦 … 76	怯える … 190	傀儡 … 37
大鼓 … 174,268	お札 … 12,106	乖離 … 287
黄土 … 122	お盆 … 75	楓 … 131
黄熱病 … 11,81	お神酒 … 106	華押(花押) … 122
車前草 … 131	汚名返上 … 20,28,230	花街 … 198
大祓 … 106	汚名を雪ぐ … 28,242	瓦解 … 287
大晦日 … 76	怯めず臆せず … 250	案山子 … 220
大門 … 198,269	面舵 … 91	鏡開き … 199
大家 … 185,268	万年青 … 131	花卉 … 131
大雪 … 71,269	重馬場 … 66	牡蠣 … 154
鷹揚 … 180	重湯 … 211	書初 … 199
大童 … 285	思惑 … 286	書留 … 218
犯す … 190,273	女形 … 174,264	佳境に入る … 242
侵す … 190,273	小やみ … 69,261	客死 … 287
冒す … 190,273	折紙付き … 242	確執 … 287
陸稲 … 99	降りる … 190	馘首 … 40
女将 … 90	音 … 286	角乗り … 200
傍(岡)目八目 … 230	遠忌 … 106	攪拌 … 78
悪寒 … 285	温石 … 217	楽屋 … 173
奥義 … 285	音信不通 … 229	神楽 … 199
晩稲(晩生) … 100		筧 … 197

陽炎……………………70	葛藤……………………288	軽んずる………………191
火口…………………78,254	合羽……………………217	川岸……………………97
花崗岩…………………78	河童……………………288	躱す……………………191
河口堰…………………95	合評……………………288	為替……………………41
風足……………………71	恰幅……………………180	雁………………………136
風穴……………………274	割賦販売……………43,90	間一髪…………………23
風上にもおけぬ………28	割烹……………………163	干戈……………………289
風花……………………77	糧………………………288	灌漑……………………96
瑕疵……………………54	合点……………………289	管轄……………………37
河岸……………………97	カトリック……………26	侃々諤々……………28,231
下士官……………… 14,46	金繰り…………………40	管区……………………72
貸金業…………………40	金詰まり………………41	間歇(欠)………………289
賢所……………………44	鐘の音…………………289	管見……………………290
呵責……………………287	金の草鞋………………230	諫言……………………290
仮借……………………287	可能性…………………289	贋作……………………171
荷重……………………93	狩野派…………………171	換算……………………290
和尚……………………106	鹿の子…………………221	元日…………………28,75
頭…………………13,203	下半身…………………87	貫主・貫首……………107
頭に……………………288	甲虫……………………136	緩衝……………………290
上総……………………59	画餅……………………289	緩衝地帯………………46
霞………………………69	南瓜……………………157	完遂……………………290
絣(飛白)………………221	髪結いの亭主…………230	関西学院大学…………59
寡占……………………40	剃刀……………………217	甘草……………………242
架線……………………91	上手…………………173,264	干拓……………………96
河川敷…………………78	上半期…………………289	元旦…………………28,75
形………………………257	髪結いの亭主…………230	含蓄……………………290
形・型…………………288	カムチャツカ…………26	艱難辛苦………………231
気質…………………180,255	鷗………………………136	香し……………………259
敵役……………………180	茅(萱)…………………214	早魃……………………100
堅苦しい………………180	蚊帳……………………218	間髪を入れず…17,28,243
片言……………………275	通った…………………271	甲板…………………93,259
型式証明………………90	唐紙…………… 198,215,271	干瓢……………………157
固唾……………………288	唐衣…………………17,195	乾物……………………155
形………………………257	唐子踊り………………59	灌仏会…………………107
蝸牛……………………136	空念仏………………230,256	完膚なきまで…………243
片抜き手………………203	落葉松…………………131	漢文の書き下し文……28
肩パッド………………24	絡む……………………190	完璧……………………231
騙る……………………190	唐様……………………289	灌木……………………131
活火山…………………78	雁………………………136	元本……………………41
隔靴掻痒………………230	借入金………………19,41	願文……………………107
活魚……………………152	狩衣……………………195	涵養……………………290
脚気……………………81	狩人……………………289	元利……………………41
恰好……………………288	画竜点睛………………231	
月光菩薩……………14,106	軽業……………………257	**き**
曽て……………………288	鰈………………………152	生一本…………………159
合点……………………289	枯木も山のにぎわい…28	帰依……………………107

義捐金 50	きめ細か 10,33	居留地 10,122
着替え 220	客員 292	綺羅星の如く 243
着替える 220	逆効果 292	切り通し 96
伎楽 207	逆手 64,253	切羽 88,267
忌諱 290	華奢 181	議論白熱 29
危機一髪 23	脚立 94	議論沸騰 29
利き酒 19,159	逆効果 292	極めつき 35
桔梗 131	脚絆 199	均一 293
飢饉 290	嗅覚 87	近郷 293
危惧 291	九牛の一毛 243	金地金 41
揮毫 171	休漁期 97	禁治産者 55
気骨 180,255	宮址 122	琴瑟 243
樵夫 102	九死に一生 243	金字塔 231
気障 181	廄舎 66	僅少 293
如月 73	鳩首会談 231	今上天皇 44
旗幟鮮明 231	九段 223	金城湯池 231
気質 180,255	給湯 16,292	公達 123
鬼子母神 107	キューピッド 23	禁治産者 55
着尺 222	胡瓜 157	欽定 123
喜寿 209	休漁期 97	木馬 277
帰趨 291	漁 97	金明竹 132
絆 291	狭隘 292	禁漁区 98

く

気勢をそぐ 243	供花 107,256	株を守る 243
寄贈 291	胸襟 292	食道楽 232
犠装 91	教皇 107	水鶏 136
帰巣本能 77	教唆 51	久遠 293
毀損 51	餃子 163	苦界 199
既存 291	矜恃 181	傀儡師 207
忌憚 291	経師屋 200	供花 107
吉日 220	橋頭堡 46	矩形 293
几帳面 291	享年 107	楔形文字 124
吃音 82	競売 55	奇しくも 8,293
拮抗 291	教鞭 292	櫛の歯が欠け(る)ように
切先 291	京間 197	20,29,244
吉日 220	京洛 122	九尺二間 197
牛車 16,168	強力粉 159	嘘 82
生粋 292	杏林大学 59	苦渋に満ちた 29
気の置けない人 29	炬火 292	苦汁をなめる 29
木の葉 131,276	漁火 97	九寸五分 202
木の実 131,276	漁期 97	口説 259
木の実油 292	極 293	曲者 181,256
気配 255,295	極右 37	九代目 177
ギプス 23,86	極左 37	百済 123
擬宝珠 132	曲者 181,256	件 293
気骨 255	局方 293	
木目 276	御物 44	

九段⋯⋯⋯⋯⋯206,223	境内⋯⋯⋯⋯⋯⋯108	言質⋯⋯⋯⋯⋯⋯296
朽木⋯⋯⋯⋯⋯⋯103	啓蟄⋯⋯⋯⋯⋯⋯⋯74	喧伝⋯⋯⋯⋯⋯⋯191
駆逐⋯⋯⋯⋯⋯⋯191	軽重⋯⋯⋯⋯⋯⋯295	捲土重来⋯⋯⋯⋯232
梔子⋯⋯⋯⋯⋯⋯132	閨閥⋯⋯⋯⋯⋯⋯⋯38	剣舞⋯⋯⋯⋯173,262
口の端にのぼる⋯⋯249	桂馬⋯⋯⋯⋯⋯⋯206	原板⋯⋯⋯⋯⋯⋯252
苦衷⋯⋯⋯⋯⋯⋯294	競売⋯⋯⋯⋯⋯⋯⋯55	原版⋯⋯⋯⋯⋯⋯252
口伝⋯⋯⋯⋯⋯⋯176	京洛⋯⋯⋯⋯⋯⋯122	玄武⋯⋯⋯⋯⋯⋯123
求道⋯⋯⋯⋯⋯⋯107	痙攣⋯⋯⋯⋯⋯⋯⋯82	元服⋯⋯⋯⋯⋯⋯196
句読点⋯⋯⋯⋯⋯294	逆鱗⋯⋯⋯⋯⋯⋯295	権柄⋯⋯⋯⋯⋯⋯181
口説⋯⋯⋯⋯⋯⋯259	外宮⋯⋯⋯⋯⋯⋯108	けんもほろろ⋯⋯⋯29
功徳⋯⋯⋯⋯⋯⋯108	怪訝⋯⋯⋯⋯⋯⋯295	玄冶店⋯⋯⋯⋯⋯175
宮内庁御用達⋯⋯⋯44	下戸⋯⋯⋯⋯⋯⋯159	絢爛⋯⋯⋯⋯⋯⋯232
首ったけ⋯⋯⋯⋯⋯22	戯作者⋯⋯⋯⋯⋯169	眩惑⋯⋯⋯⋯⋯⋯232
首っぴき⋯⋯⋯⋯⋯22	下知⋯⋯⋯⋯⋯⋯202	
首をかしげる⋯⋯⋯27	気色ばむ⋯⋯⋯⋯244	**こ**
工夫⋯⋯⋯⋯⋯⋯294	下乗⋯⋯⋯⋯⋯⋯295	語彙⋯⋯⋯⋯⋯⋯296
九品仏⋯⋯⋯⋯⋯294	毛製品⋯⋯⋯⋯⋯⋯89	濃茶⋯⋯⋯⋯⋯⋯170
熊野⋯⋯⋯⋯⋯⋯176	下世話⋯⋯⋯⋯⋯295	五・一五事件⋯⋯⋯125
工面⋯⋯⋯⋯⋯⋯⋯41	外題⋯⋯⋯⋯⋯⋯175	拘引⋯⋯⋯⋯⋯⋯⋯51
供物⋯⋯⋯⋯⋯⋯108	解脱⋯⋯⋯⋯⋯⋯108	耕耘⋯⋯⋯⋯⋯⋯⋯99
供養⋯⋯⋯⋯⋯11,108	下知⋯⋯⋯⋯⋯⋯202	好悪⋯⋯⋯⋯⋯⋯296
庫裏(庫裡)⋯⋯⋯108	月世界⋯⋯⋯⋯⋯295	劫火⋯⋯⋯⋯⋯⋯109
暮れなずむ⋯⋯⋯⋯70	外道⋯⋯⋯⋯⋯⋯109	狡猾⋯⋯⋯⋯⋯⋯181
クローズアップ⋯⋯26	解毒⋯⋯⋯⋯⋯⋯⋯82	巷間⋯⋯⋯⋯⋯⋯297
玄人⋯⋯⋯⋯⋯⋯181	健気⋯⋯⋯⋯⋯⋯181	交誼⋯⋯⋯⋯⋯⋯297
黒衣⋯⋯⋯⋯⋯⋯176	懸念⋯⋯⋯⋯⋯⋯295	口腔⋯⋯⋯⋯⋯82,259
黒米⋯⋯⋯⋯⋯⋯156	気配⋯⋯⋯⋯255,295	坑口⋯⋯⋯⋯⋯⋯⋯88
黒炭⋯⋯⋯⋯217,252	煙に巻く⋯⋯⋯244,254	香華⋯⋯⋯⋯⋯⋯109
黒星病⋯⋯⋯⋯⋯101	煙に巻かれる⋯⋯244,254	口径⋯⋯⋯⋯⋯⋯⋯46
鍬⋯⋯⋯⋯⋯⋯⋯101	欅⋯⋯⋯⋯⋯⋯⋯132	江湖⋯⋯⋯⋯⋯⋯172
群青⋯⋯⋯⋯⋯⋯294	犬⋯⋯⋯⋯⋯⋯⋯282	口腔⋯⋯⋯⋯⋯82,259
薫陶⋯⋯⋯⋯⋯⋯294	嫌悪⋯⋯⋯⋯⋯⋯296	神々しい⋯⋯⋯9,297
軍配⋯⋯⋯⋯⋯⋯⋯65	狷介⋯⋯⋯⋯⋯⋯232	光合成⋯⋯⋯⋯⋯⋯78
群をぬく⋯⋯⋯⋯244	懸崖⋯⋯⋯⋯⋯⋯171	鉱滓⋯⋯⋯⋯⋯⋯⋯96
け	剣が峰⋯⋯⋯⋯⋯296	公算が大きい⋯⋯244
	元凶⋯⋯⋯⋯⋯14,296	嚆矢⋯⋯⋯⋯⋯⋯297
希有(稀有)⋯⋯⋯294	喧々囂々⋯⋯19,28,231	格子⋯⋯⋯⋯⋯⋯297
経緯⋯⋯⋯⋯⋯⋯257	減殺⋯⋯⋯⋯⋯⋯296	好事⋯⋯⋯⋯⋯⋯244
形骸⋯⋯⋯⋯⋯⋯294	見参⋯⋯⋯⋯⋯⋯296	小路⋯⋯⋯⋯⋯⋯297
炯眼(慧眼)⋯⋯⋯181	県産品⋯⋯⋯⋯⋯⋯41	好餌⋯⋯⋯⋯⋯⋯297
軽業⋯⋯⋯⋯⋯⋯257	元治⋯⋯⋯⋯⋯⋯123	好事家⋯⋯⋯⋯⋯182
敬虔⋯⋯⋯⋯⋯⋯108	賢所⋯⋯⋯⋯⋯⋯⋯44	上野⋯⋯⋯⋯⋯59,265
迎合⋯⋯⋯⋯⋯⋯294	現世⋯⋯⋯⋯⋯⋯109	後生畏るべし⋯244,258
啓示⋯⋯⋯⋯⋯⋯108	牽制⋯⋯⋯⋯⋯⋯296	巷説⋯⋯⋯⋯⋯⋯297
閨秀⋯⋯⋯⋯⋯⋯295	譴責⋯⋯⋯⋯⋯⋯⋯51	口銭⋯⋯⋯⋯⋯⋯⋯41
軽傷⋯⋯⋯⋯⋯⋯⋯51	還俗⋯⋯⋯⋯⋯⋯109	皇太后⋯⋯⋯⋯⋯⋯44

巧緻	297	
膠着	298	
更迭	38	
格天井	170	
強盗傷人	55	
小女子	153	
功なり名遂げる	244	
郷に入っては郷に従え	19,245	
降灰	72	
香ばし	259	
甲板	93,259	
合板	94	
鋼板	94	
甲板員	93	
好評嘖々	245	
口吻	298	
頭	13	
高邁	298	
紺屋	298	
氷菓子	298	
凍る	298	
御開帳	109	
枯渇	298	
黄金虫	136	
木枯	71	
凩	71	
古希(古稀)	209	
極	293	
極印	89	
穀雨	74	
虚空	298	
極彩色	18	
国手	200	
穀潰し	182	
黒白をつける	298	
穀物	156	
苔	132	
柿落とし	30,173	
凍える	298	
戸口	258	
小督	173	
五言絶句	168	
小細工	299	
小賢しい	182	
古刹	109	
故山	299	
枯死	132	
居士	109	
来し方行く末	245	
五色揚げ	163	
古式ゆかしく	30,245	
虎視眈々	232	
拵える	299	
胡椒	160	
後生	258	
小正月	17,75	
古色蒼然	232	
固執	299	
ご神火	109	
鼓吹	299	
梢	132	
後生	258	
瞽女	200	
炬燵	216	
骨柄	232	
滑稽	182	
忽然	299	
ごった返す	299	
後詰	46	
小天守	123	
糊塗	232	
事志と違う	245	
琴柱	171	
言霊	299	
異にする	245	
言葉を濁す	245	
寿ぐ	191	
粉雪	69	
小人数	299	
この期に及んで	245	
木の葉	131,276	
木の実	131,276	
御法度	300	
小春日和	71	
誤謬	300	
古物商	90	
胡粉	195	
牛蒡	157	
独楽	200	
胡麻	160	
細々	260	
拱く	191	
田作	153	
コミュニケーション	24	
胼返り	82	
濃紫	222	
古文書	18,169	
小やみ	69,261	
粉雪	69	
紙縒	218	
古来	300	
御来迎	110	
堪え性	182	
凝り性	182	
五里霧中	233	
懲りもなく	300	
御利益	110	
声色	182	
蠱惑	182	
声高に	300	
古渡り	203	
碁を打つ	29	
勤行	110	
混淆	233	
言語道断	18,233	
金色燦然	233	
紺青	222	
渾身	300	
公卿	42	
昏睡	82	
痕跡	51	
献立	162	
金堂	110	
渾沌	300	
梱包	219	
懇望	191	
建立	110	

さ

西域	123,267
斎戒沐浴	110
在郷	47,260
再建	110,260
最期	300
在郷	47,260
在郷軍人	47,260
再建	18,110,260

幸先	300	雑踏	302	三羽	223
再三再四	233	雑排水	302	三敗	223
祭祀	110	雑駁	302	惨敗	314
彩色	301	殺伐	302	三拝九拝	233
宰相	38	殺戮	51	桟橋	303
最高値	42	蹉跌	302	三番叟	175
采配	123	佐渡	59	賛美歌と聖歌	111
采配を振る	20	茶道	170	三方	218,261
祭文	204,260	座頭	200,264	三昧	303
西方	110,266	里子	213	三位一体	111
債務	42	茶飯事	220		
最安値	42	寂しい(淋しい)	302	**し**	
棹さす	245	五月雨	68	地雨	68
早乙女	100	鮫肌	23	詩歌	166
座頭	200,264	鞘	123	椎茸	158
酒代	203	白湯	164	子音	303
酒樽	158	座右	233	慈雨	69
逆手	64,253	更地	94	使役	303
酒手	203	新地	94,198	潮騒	304
魚かす	102	サラブレッド	24,66	刺客	124
魚釣り	283	粗目	160	地下足袋	217
遡る	14,191	さるかに合戦	303	自家撞着	233
月代	72,196,257	百日紅	132	直播き	99
先を越す	247	爽やか	71	自家薬籠中の物	246
柵	261	座を射止める	30	信楽焼	207
削減	301	3階	9	柵	261
錯誤	301	三界	111	弛緩	304
搾取	38	三階	223	只管打座	111
錯綜	301	三階節	59	時宜	304
索漠	301	散華	111	閾値	269
作物	157	三軒	223	直参	124
鮭	153	三権分立	55	色紙	263
酒を酌み交わす	30	三光尉	172	時期尚早	10,234
雑魚	136	三才馬	67	直筆	16,171
左顧右眄	233	蚕糸	89	食籠	164
些細	301	残滓	303	仕種	304
細雪	207	暫時	303	忸怩	304
桟敷	174	三社祭	59	時雨	69
座敷	301	傘寿	209	時化	70
流石	301	三種の神器	44	施行	8,38
挫折	301	山椒	160	四高	60
左遷	302	三升	175,261	嗜好	304
雑役	302	惨状	303	自業自得	234
殺害	51	三途の川	111	扱(扱き)	214
五月晴れ	70	山積	303	示唆	304
早速	302	三人吉三	175	仔細	304

施策 9,38	尻尾 305	沙門 112
鹿踊り 60	七宝焼き 203	砂利 306
時々刻々 16,234	実をとる 305	車輪の音も軽やかに 35
蜆 154	四天王 112	洒落 183
自首 51	四斗樽 158	ジャンパー 24
四十肩 82	竹刀 202	シャンパン 25
四十雀 137	死米 156	従一位 45
四十九日 111	老舗 89	重 306
四十七士 124	地熱 79	驟雨 68
四重唱 224	東雲 77	終焉 307
侍従職 45	磁場 305	臭覚 87
四重奏 225	瞬く 192,263	修学院 45,258
私淑 304	襦袢 221	祝儀 211
四神 208	四半期 224	什器 217
静心なく 168	四半世紀 224	祝言 212
市井 246	四部合唱 225	十姉妹 137
市井の人 246	渋紙 198	蒐集 307
羊歯 132	雌伏 305	愁傷 213
耳染 86	四分の四拍子 225	重傷 51
舌先三寸 29	四万六千日 112	周旋 307
認める 191,272	シミュレーション 24	秋霜烈日 234
舌鼓 164	シミュレーター 9,26	袖珍本 204
下手 254	染みる 192	充塡 307
下回る 192	七五三縄・注連縄 112	十年一日 234
指弾 305	下総 60	秋波 38
質種(質草) 214	耳目を集める 246	十八番 174,262
七高 60	仕舞屋 201	修祓 112
七十五日 246	下手 174,254	焼売 163
七重の塔 223	下の句 167	重用 319
七代目 177	下半期 306	従来 30
七段 177	諮問 38	修学院 45,258
七転八倒 234	借家 55	主客転倒 234
七堂伽藍 111	赤銅 306	修行・修業 307
七福神 111	赤銅色 306	祝詞 117
七分咲き 224	借家 55,264	宿世 114
七分搗き 156	酌量 55	修験者 112
自重 305	奢侈 306	呪禁 119
地鎮祭 204	洒脱 182	朱雀 208
躾 214	遮断 306	従三位 45
桎梏 305	借款 42	主治医 83
昵懇 305	弱冠 30,183	従四位 45
失墜 305	惹起 306	朱雀 208
七転八倒 234	石橋 172	取捨選択 234
執刀 83	赤口 76	主従 307
十把一からげ 246	煮沸 83	殊勝 183
疾病 12,83	遮蔽 306	衆生 112

数珠 … 112	装束 … 308	白羽の矢が立つ … 30
入水 … 52	小天守 … 123	白羽の矢を立てる … 30
首長 … 10,38	常套 … 308	素面 … 65,159,267
述懐 … 307	小人 … 214	白面 … 219,273
出国 … 307	少人数 … 308	地力 … 99,270
出獄 … 307	生年○○(歳) … 213,266	自力 … 309
出所 … 262	正念場 … 309	退ける … 15,55
出生 … 210	相伴 … 162	而立 … 235
出生率 … 39	上半身 … 87	熾烈 … 309
出入国 … 308	菖蒲 … 133	白魚 … 153
シュノーケル … 25	成仏 … 113	白馬岳 … 60
襦袢 … 221	招聘 … 309	素人 … 183
撞木 … 112	正法眼蔵 … 113	代掻き … 99
腫瘍 … 83	抄本 … 212	白酒黒酒 … 113
手榴弾 … 47,257	枝葉末節 … 235	四六時中 … 235
手練 … 262	小満 … 74	白酒 … 159
朱を入れる … 246	静脈 … 83	白旗 … 124,272
春菊 … 158	声明 … 113,266	代物 … 268
遵守 … 12,52	定宿(常宿) … 219	仕業 … 310
春宵 … 77	精霊送り … 113	師走 … 73
浚渫 … 95	精霊船 … 219	塵埃 … 310
潤沢 … 308	奨励 … 309	塵芥 … 310
順風満帆 … 234	女王 … 129,308	人気 … 265
遵法 … 52	女官 … 46,259	神器 … 45
駿馬 … 308	食言 … 183	鍼灸 … 310
将棋を指す … 29	贖罪 … 309	親近感 … 310
上意下達 … 11,235	食指を動かす … 30	深紅 … 310
生姜 … 160	嘱託 … 309	ジンクス … 25,30
松下村塾 … 124	食物 … 162	箴言 … 235
上下両院 … 39	食欲をそそる … 30	人工心肺 … 83
聖観音 … 113	所作 … 171	真摯 … 183
上戸 … 159	初産 … 81,210,264	伸子張り … 221
城塞 … 47	初七日 … 113	人事不省 … 83
城砦 … 47	処暑 … 74	斟酌 … 310
正三位 … 45	女丈夫 … 183	心中 … 52
焼死 … 52	緒戦 … 309	身上 … 310
上梓 … 308	所帯 … 212	心身耗弱 … 55
成就 … 308	食客 … 309	信心深い … 16,113
小豆 … 156,262	初七日 … 113	進退維谷まる … 246
上手 … 264	緒論 … 319	神代杉 … 103
憔悴 … 183	白魚 … 153	新地 … 94,198
定跡 … 206	白梅 … 133,325	心中 … 52
定石 … 206	白鞘 … 124	沈丁花 … 133
定席 … 206	白露 … 74	進捗 … 310
小雪 … 75	不知火 … 60	新手 … 206,265
饒舌 … 183	白旗 … 124,272	人定質問 … 55

369

人定尋問	56	
神道	113	
浸透	311	
塵肺	83	
人品骨柄	235	
人文科学	79	
親睦	311	
神馬	114	
辛辣	184	
人力飛行	311	

す

水郷	77
遂行	311
推敲	311
水石	170
垂涎	311
出納	13,42
数奇	311
枢機卿	114
趨勢	311
図体	184
清々しい	184
鋤	101
数奇	311
宿世	114
スケソーダラ	153
助太刀	202
呪禁	119
朱雀	208
杜撰	311
頭陀袋	216
捨て小舟	92
スノーケル	25
昴	76
素振	64,267
素面	65,159,267
寸暇を惜しんで	31

せ

西域	123,267
西方	65,110,266
精も根もつきはてる	31
青雲の志	246
生花	171,265
臍下丹田	173
逝去	213
盛漁期	98
正鵠を射る	247
脆弱	19,235
脆性破壊	79
生石灰	18,79
青天の霹靂	247
生年	266
生年月日	213
成敗	202
声明	266
井(聖)目	206
青竜	208
盛漁期	98
精霊船	219
蒸籠	164
碩学	184
赤褐色	312
赤子	210,266
脊椎	87
寂寥	312
世間胸算用	169,256
施工	94
施工主	93
世帯	212
節会	45
殺害	51
赤褐色	312
折檻	52
楔形文字	124
席捲(巻)	12,312
切磋琢磨	235
折衝	312
殺生	312
雪駄	196
舌代	221
折衷	312
窃盗	52
刹那	312
切羽	267
台詞	174
零戦	47
浅学菲才	235
前科者	52
千言万語	236
先攻	64
千石船	124
前栽	220
千載一遇	236
千差万別	236
漸次	312
千社札	114
船主	92
千手観音	114
先勝	76
漸進的	312
陝西省	124
全然	313
漸増	313
浅草寺の雷門	59
仙台牛	60
仙台平	196
先達	184
善玉	184
先番	206
前半	313
先負	76
先鞭	247
千変万化	236
羨望	313
千万無量	236
戦慄	313
先を越す	247

そ

添え乳	14,210
憎悪	184
象嵌	203
雑木	103
創業家	13,42
霜降	74
相好	184
造作	267
相殺	18,313
造作	267
騒擾	56
雑炊	162
荘重	313
曹洞宗	114
総花	313
雑兵	125
蒼氓	207

相聞 167	帝釈天 114	多士済々 236
草履 218	大序 175	太政大臣 126
藻類 133	太政大臣 126	携わる 192
挿話 313	大上段 315	黄昏 78
贈賄 52	大審院 125	三和土 215
雑木林 15	大震災 77	立役 174,277
遡及 42	大雪 75,269	田作 153
束 98,268	大雪山国立公園 269	磔刑 316
足関節 84	大雪山系 60,269	塔頭 115
仄聞 314	題簽 168	手綱 316
底意 184	大それた 315	殺陣 204
粗忽 185	代替 90	蓼 160
咀嚼 314	体調を崩す 31	立女形 174
甦生 84	泰斗 185	建具 215
塑像 208	駘蕩 236	建屋 53
措置 314	台頭 315	立役 277
足関節 84	大塔宮 125	立役者 185
卒寿 209	大人 214	畳紙 222
素読 10,168	大夫 126,201,269	辿る 192
磯馴松 133	代物 268	炭団 216
蕎麦 162	大麻 115	店子 214
素振 64,267	炬 315	種をまく 20
初め 263,326	松明 315	田の草取り 99
空念仏 230,256	大門 198,269	束 268
剃る 192	大文字 60	田畑 99
算盤 204	第四四半期 42	荼毘 316
遜色 314	内裏 45	タブロイド 24
忖度 314	大漁旗 98	拿捕 53
存廃 314	大輪 133	玉串 115
村夫子 185	体をかわす 247	騙す 192
	手弱女 185	手向け 115
た	互市 90	大夫 126,201,269
大安吉日 76	鷹匠 201	弛まざる 316
第一日 314	宝物 275	他力本願 115
大音声 185	兌換 42	誰かれ 316
大家 185,268	薪能 172	たれこめる 20
大寒 75	焼火 61	束子 217
大願成就 114	手繰る 92,315	弾劾 56
大吉 220	竹馬 218,270	短冊 167
大逆事件 125	竹工芸 204	端緒 316
大経師 200	竹光 126	耽溺 316
大綱 12,39	多言を弄する 315	田圃 99
太鼓判 35	他言無用 315	談論風発 29
大惨敗 15	他山の石 31	端を発する 13,247
泰山木 133	出汁 14,163	
大姉 114	山車 204	

ち

治安維持 ………… 15,39
力不足 ………………… 34
知己 ………………… 185
逐一 ………………… 316
筑紫 ………………… 270
逐次 ………………… 316
筑紫野市 ……………… 61
逐電 ………………… 317
竹馬の友 …… 236,270
竹林 ………………… 270
治山治水 ……………… 95
知悉 ………………… 237
稚拙 ………………… 317
父系 …………………… 67
蟄居 ………………… 317
地熱 …………………… 79
乳呑み児 …………… 210
乳離れ ……………… 210
チフス ………………… 86
緻密 ………………… 317
嫡出子 …………… 12,56
茶道 ………………… 170
チャンスの芽を摘む … 31
チャンスをつかむ …… 31
中押し勝ち ………… 207
厨芥 ………………… 216
中間宿主 ……………… 77
鋳金 ……………… 17,317
中古 ………………… 317
中国東北区 …………… 72
中将 ……………… 9,47
柱石 ………………… 317
抽籤 ………………… 317
鋳造 ……………… 13,317
躊躇 ………………… 318
偸盗 ………………… 318
中日 …………………… 75
中人 ………………… 214
中風 …………………… 84
中古 ………………… 317
厨房 ………………… 164
稠密 ………………… 318
中力粉 ……………… 160
調子をこわす ………… 31

重 …………………… 306
釣果 …………………… 98
長広舌 ……………… 318
肇国 ………………… 318
手水 ………………… 318
長足の進歩 ………… 247
調達 ………………… 318
打擲 ………………… 318
提灯 ………………… 204
蝶番 ………………… 318
手斧 …………………… 93
貼付 ………………… 212
重複 ………………… 319
重用 ………………… 319
重陽の節句 …………… 76
凋落 ………………… 319
直截 ………………… 319
猪口 ………………… 164
猪口才 ……………… 185
貯水池 …………… 16,319
緒戦 ………………… 309
緒論 ………………… 319
地力 ……………… 99,270
賃貸し ………………… 90
賃金 …………………… 43
椿事 ………………… 319
賃貸 …………………… 90
珍重 ………………… 319

つ

築地 …………… 198,270
追従 ………………… 271
一日 …………………… 73
朔日 …………………… 73
追悼 ………………… 319
追儺 ………………… 205
通船 …………………… 92
通年施行 …………… 237
津軽じょんがら節 …… 61
疲れ果てる …………… 31
築地 ………………… 270
月代 ……………… 72,257
筑紫 ……………… 61,270
土筆 ………………… 133
土一升金一升 ……… 237
土盛り ………………… 95

津々浦々 …………… 237
続柄 …………………… 56
九十九折 …………… 320
慎ましい …………… 320
綴織 ………………… 221
伝手 ………………… 237
粒 …………………… 320
呟く ………………… 192
夫 …………………… 167
倹しい ……………… 320
爪弾 ………………… 171
罪を犯す ……………… 32
通夜 ………………… 115
氷柱 ……………… 77,274
釣書 ………………… 211
石蕗 ………………… 157
悪阻 …………………… 84

て

手合い ……………… 207
定款 …………………… 56
庭訓 ………………… 320
体裁 ………………… 320
低迷 ………………… 320
手斧 …………………… 93
手形交換所 …………… 43
摘果 ………………… 102
敵愾心 ……………… 320
適宜 ………………… 320
溺死 …………………… 53
木偶 ………………… 276
手繰舟（船） ………… 93
木偶 ………………… 276
出初め式 …………… 205
手練 ………………… 262
摘果 ………………… 102
手甲 ………………… 199
丁稚 ………………… 201
デッドロック ………… 26
出所 …………… 262,321
手のひらを返すように … 31
出端 …………… 237,263
点前 ………………… 170
手榴弾 …………… 47,257
出る杭は打たれる …… 31
手練手管 …… 237,262

372

手をこまぬいて見ている……31	獰猛……322	治る……192
転嫁……321	玉蜀黍……156	中州……61
天界……115,271	陶冶……314	中日……173
天智天皇……125	湯薬……84	流れに棹さす……32
天上天下唯我独尊……115	通り掛り……322	流れに逆らう……32
殿上人……46	逗留……322	就中……323
点心……163	登竜門……238	長押……215
天地無用……237	棟梁……93	仲人……211
点綴……321	科人……203	情けは人のためならず……32
奠都……126	朱鷺……137	馴染……323
天皇賜杯……15,65	読経……11,116	茄子……158
伝播……321	読師……166,271	なす術がない……248
天馬空をゆく……247	独参湯……176	名題……175
天日……102	独壇場……238	名代……276
天稟……237	戸口……258	雪崩……71
天文……126	読本……169,271	捺印……323
伝馬船……92	匿名……322	納所……116
店屋物……89	心太……162	捺染……222
	刀自……210	納得……323
と	登城……126	等……321
投網……96	泥鰌……154	七草……158
問屋……89,277	咄嗟……322	七転び八起き……248
当を得る……33	凸版印刷……89	七度尋ねて人を疑え……248
等……321	訥弁……186	七光り……238
冬瓜……157	届け出……323	七日……224
恫喝……321	滞る……323	名主……18,323
冬瓜……157	土止め（土留め）……95	七日……224
同行二人……115	砥粉……93	生半可……324
慟哭……321	登坂……91	生兵法はけがのもと……248
読師……166,271	土塀……323	生兵法……274
唐紙……198,215,271	土用……75	納屋……216
杜氏……159	図利……56	習い性となる……248
謄写版……321	取りつく島がない……32	苗代……99
踏襲……321	鳥肌……23,248	難治……84
搭乗……322	頓着……186	難渋……324
登場……322	緞子……222	納戸……216
道祖神……116	とんでもないことです……248	
淘汰……322	松焚祭……116	**に**
統治……322	頓服……84	二・二六事件……125
登庁……39	問屋……89,277	煮えたぎる……34
登頂……65		肉食……272
疼痛……84	**な**	肉食妻帯……116
通った……271	内宮……116	肉汁……155
登攀……65	乃至……323	西方……65,110,266
掉尾……238	内分泌……79	西名阪道路……61
	なおざり……22	二十四節気……74

373

二十四の瞳	207	
二重回し	17,221	
二松学舎	61	
二世	224,272	
日常茶飯事	238	
肉桂	160	
二進も三進も	248	
二八月	238	
担う	324	
二人組	53	
二人静	175,272	
二人羽織	173	
二人腕久	176	
丹塗り	215	
二の舞を演じる	32	
二毛作	100	
荷役	93	
入漁権	98	
入国	324	
入獄	53	
入魂式	116	
柔和	186	
女官	46,259	
女官長	46	
如実	324	
女人禁制	116	
接骨木	133	
人気	265	
仁俠	202	
刃傷	126	
大蒜	158	

ぬ

抜き手	203
塗師	201
布袋	274
微温湯	324
濡れ手で粟	32

ね

音	286
禰宜	116
捏造	53
熱帯低気圧	70
熱に浮かされる	32,248
根抵当	56

子年	72
涅槃	117
合歓	134
年貢	126
念珠	117
年中行事	219
捻出	324
年俸	65

の

脳梗塞	84
農作物	101
熨斗	212
覗く	193
野点	15,170
後の月	75
長閑	324
陳者	205
野馬追い	61
海苔	155
祝詞	117
海苔篊	98
暖簾	324
惚気	325
狼煙	325
野分	70
暢気	186

は

把握	325
廃屋	94
徘徊	85
稗史	205
買春	56,255
灰星病	101
這松	134
延縄	96
剝がす	325
博士	273
馬脚を現す	32
白衣	85
白鯨	207
博士	10,273
白砂青松	238
白寿	209
麦秋	70

曝書	169
剝奪	325
博徒	202
白梅	133,325
白面	273
白夜	77
剝離	325
薄力粉	160
白露	74
暴露	325
馬喰	61
刷毛	325
覇権	326
方舟	117
稲架	101
端境期	101
孵	92
初め	263,326
播種	101
馬手	67
柱	117
バセドー病	86
馬そり(馬橇)	11,62
旅籠	199
肌寒	71
肌寒い	71
破綻	326
八階	224
八掛(け)	195,273
八十八か所	117
八分	224
八文字	198
発会式	43
初顔	66
初顔合わせ	66
初釜	170
初冠雪	71
羽織い	20
初産	81,264
バッジ	24
発疹チフス	85
抜粋	326
初体験	326
末弟	210
抜擢	326
法度	326

初音	205	
法被	205	
八百八町	126	
跋文	167	
初盆	16,117	
初孫	210	
潑剌	186	
波濤	326	
バドミントン	18,25	
鼻白む	249	
餞	238	
歯に衣着せぬ	243	
埴輪	127	
母系	67	
八幡船	127	
馬匹	326	
羽二重	195	
浜木綿	134	
早合点	186	
端役	175	
腹鼓	164	
腹八分目	327	
孕む	327	
はらわたが煮えくり返る	32	
春蚕	327	
判	327	
輓曳競馬	62	
半眼	11,208	
判官	127	
万感	327	
バンコク	26	
万古焼	62	
磐石(盤石)	327	
反芻	327	
帆船	18,92	
万全	327	
伴走	19,65	
万朶	134	
範疇	327	
版図	127	
ハンドバッグ	24	
万難	328	
般若心経	117	
晩年	33	
反駁	328	
煩悶	328	

凡例	328	

ひ

pH	79	
贔屓	328	
B29	47	
柊	134	
ビールス	86	
稗	156	
東名阪道路	62	
鼻下長	186	
悲喜こもごも	33,249	
抽斗	215	
比丘	117	
魚篭・魚籠	98	
鼻腔	85,273	
火口	216,254	
比肩	328	
非業	328	
膝	86	
氷雨	68	
土方歳三	125	
批准	39	
飛翔	328	
浸す	328	
肥立ち	85	
左団扇	238	
畢竟	329	
必定	329	
逼迫	329	
単衣	222	
秘湯	10,329	
人気	265	
一言	253	
他人事	8,239	
一入	329	
人魂	239	
一口	202	
一幕	15,176	
一幕物	176	
人身御供	118	
一役	329	
鄙びた	170	
丙午	73	
檜(桧)	103	
干葉(乾葉)	102	

雲雀	137	
誹謗	239	
弥縫策	239	
曽孫	211	
向日葵	134	
氷室	329	
姫御前	329	
罷免	39	
干物	14,154	
白衣	85	
百済	123	
百姓治田	127	
白夜	77	
白虎	208	
雹	69	
剽軽	186	
評定	127,274	
剽窃	172	
病巣	85	
平仄	329	
氷柱	274	
評定	127,274	
平等	330	
屛風	215	
兵法	48,274	
標榜	330	
表裏一体	239	
兵糧	47	
肥沃	102	
火男	219	
日和	72	
平場競走	66	
非力	186	
怯む	193	
疲労困憊	239	
枇杷	161	
檜皮葺	197	
紅型	62	
賓客	330	
顰蹙	239	
頻出	330	
便乗	330	
鬢長マグロ	153	
牝馬	67	
頻繁	330	
紊乱	239	

ふ

ファンタスティック	20
不一	218
吹聴	330
訃音	330
封切り	330
風穴	274
風袋	331
風態	187
俯瞰	331
蕗	158
福音	118
不空羂索観音	118
帛紗	170
老ける	190
分限	187
分限者	187
諷告	57
塞ぐ	193
不祝儀	211
不肖	187
普請	94
不審火	53
文月	73
襖	197
布施	118
風情	331
敷設	95
二人組	53
二人静	175,272
扶持	127
符牒	331
物議を醸す	35
物故	331
払拭	331
払底	331
埠頭	91
不撓不屈	239
風土記	127
蒲団・布団	331
不仲	331
船主	92
不憫	332
訃報	332
不犯	118
文月	73
不用心	332
鰤	153
俘虜	47
無聊	332
降る	190
ブロマイド	25
紛糾	332
文書	241
粉飾	43
分銅	16,332
分度器	332
分泌	79

へ

平易	332
兵役	48
米寿	209
平城遷都	15,127
平生	332
兵站	48
兵法	48,274
辟易	333
下手	254
糸瓜	134
ベッド	24
変化	275
紅殻(弁柄)	197
変化	275
片言	275
片言隻句	240
編纂	333
偏重	333
返戻	333
遍路	118

ほ

母音	333
法案が可決	33
法が成立	33
頬	86,275
法会	118
奉加帳	205
判官	127
判官晶屓	240
保元物語	168
彷徨	333
幇助	53
豊饒	102
放生会	219
宝生流	172
放水	95
封ずる	128
呆然	333
放蕩	187
法の下の平等	9,57
朋輩	214
暴発	53
宝物集	118,275
法名	118
放埒	187
放流	95
豊漁	98
墨守	240
木鐸	240
木訥(朴訥)	187
母系	213
反故(反古)	333
埃	333
干(乾)し草	102
細々	260
ほぞをかむ	33
発句	166
法華	119
発作	85
発足	334
発端	334
解れ	334
布袋	119,274
補塡	43
不如帰	137
骨身を惜しまず	31
炎	334
牡馬	67
頬	86,275
頬笑み	334
ホン	25
本絹	221
本性	187,276
奔走	334
本草	79
煩悩	119

雪洞 197	見限る 23	胸三寸に納める 34
ま	見かけ倒し 33	胸算用 169,256
枚挙に暇がない 282	三行半 212	謀反 128
埋没 334	見くびる 23	無用の長物 247
磨崖仏 208	眉 86	無欲恬淡 240
曲玉(勾玉) 209	神輿 119	村八分 240
槙 103	実生 102	**め**
幕間 14,177	鳩尾 87	名誉回復 28
幕開き 177	水かさが増す 33	名誉挽回 28
枕草紙 167	水菓子 161	明晰(明晳) 188
枕草子 167	自ら 261	名跡 253
曲物 197	自ずから・自ら 286	メーター 25
呪禁 119	水鳥 137	明眸皓歯 240
鱒 153	瑞々しい 335	名誉毀損 240
瞬く 192,263	未曾有 240	夫婦 209
瞬く間 334	鳩尾 87	目配せをする 22,35
末裔 211	三十路 209	目配りをする 22,35
末期 275	三十一文字 168	召人 166
真向 334	糞 69	馬手(右手) 205
松阪牛 155	御手洗 119	愛でる 193
燐寸 216	道半ば 11	目処(目途) 336
松脂 216	蜜月 335	目の敵 250
的を射る 33,249	三つどもえ 34	乳人(乳母) 196
愛弟子 335	巳年 73	面子 336
愛娘 212	認める 272	面目 336
真に受ける 249	水無月 73	**も**
眼のあたり 249	港口 91	燃え盛る 34,336
瞬く 192,263	水面 335	亡者 336
目深 335	三升 175,261	妄執 188
瞼 86	耳を傾ける 249	孟宗竹 134
継子 213	耳障り 33,335	黙示録 120
眉をひそめる 34	宮址 122	木道 336
円窓 12,198	名跡 11,177,253	黙然 188
回り持ち 22	名代 276	木馬 277
万巻の書 249	夫婦 209	木目 276
万華鏡 335	冥利 119	沐浴 336
満腔 335	弥勒 119	土竜 137
万燈会 119	身を粉にして 9,249	猛者 188
万力 335	**む**	保合 43
み	百足 137	糯米 156
箕 100	無垢 336	持ち回り 22
三浦安針 125	椋鳥 137	元結 195
御影堂 128	虫酸(虫唾) 250	物足りない 336
身欠きニシン 154	睦月 73	樅 134
	無頓着 187	

377

秕……100	油然……338	世論……338
紅葉狩り……10,219	尤物……338	夜を徹して……250
盛土……95	浴衣……194	**ら**
盛花……221	遊行……120	
諸手をあげて賛成……250	遊行寺……62	礼賛……338
双手……268	遊山……241	礼拝……120,278
両刃の剣……250	癒着……54	磊落……241
文言……337	湯桶読み……338	烙印を押す……35
文書……241	湯女……201	落書……241,278
文章博士……169	弓を引く……34	落丁……339
紋日……204	夢を抱く……315	拉致……54
門扉……337	熊野……176	辣腕……188
や	緩める……338	乱行……339
	弓杖……173	乱高下……9,43
八百万……120	弓手……205	乱世……128
冶金……88	**よ**	爛漫……70
約定……218		**り**
役不足……34,250	宵宮……219	
火傷……54	羊羹……161	利益……277,339
焼けぼっ杭に火がつく…34	窯業……89	梨園……176
矢先……34,337	葉菜類……16,157	陸稲……99
香具師……200	夭折……338	俚諺……241
弥次喜多……199	要諦……277	律儀者……188
玄孫……212	容体……85	立像……208
安来節……62	容態……85	罹病……85
約款……39	要諦……277	裏面……12,339
家並……214	予算案が可決……34	利益……277,339
野に下る……250	予算が成立……34	掠奪……54
家主……337	葦簾・葦簀……215	流刑……339
藪……135	四代目……177	流暢……188
病膏肓に入る……82,250	四段……177	立米……95
山川……337	預貯金を取り崩す……19	流民……48
山手線……62	四つ手網……96	漁……97
山姥……337	四人乗り……224	両国……278
揶揄……337	黄泉路……120	領袖……40
矢を放つ……34	読本……169,271	陵(凌)辱……54
ゆ	夜宮……218	量目……339
	蓬……135	稟議……40
唯一……337	四方山……338	輪廻……339
遺言……213	与力……128	**る**
由緒……337	選り好み……284	
遊興費……13,54	選り選ぐる……285	流刑……339
夕餉……164	寄る年波には勝てない…35	流罪……128
有識……188,277	万朝報……128	流転……339
遊説……39	弱法師……172	流布……339
悠然……188	輿論……17,338	流民……48

れ

- 例に漏れず…………35
- 霊験……………………120
- 礼拝……………120,278
- 黎明……………………340
- レクリエーション……25
- 連複X-Y………………66

ろ

- 老舗……………………89
- 労を惜しまず…………31
- 老獪……………………189
- 老中……………………128
- 労組……………………40
- 老若男女………………241
- 狼狽……………………340
- 良弁……………………128
- 路肩……………………91
- 緑青……………………94
- 陸(碌)でなし…………189
- 六分儀…………………91
- 轆轤……………………208
- 呂律……………………340
- 論客……………………189
- 論駁……………………340

わ

- 歪曲……………………340
- 猥褻図画………………54
- 賄賂……………………54
- 公魚……………………153
- 若布……………………155
- 和事……………………176
- 山葵……………………161
- 早稲(早生)……………100
- 渡し船…………………92
- 海神……………………106
- 渡り初め………………17
- 割賦販売……………43,90
- 藁………………………135
- 草鞋……………………220
- 蕨………………………158
- 悪口………………253,340
- 雲呑……………………163

編集協力●夢の設計社
校正●鈴木初江、福田光一
デザイン●スタジオ・ファム

NHK 間違いやすい日本語ハンドブック

2013(平成25)年 5 月25日　　第 1 刷発行
2013(平成25)年12月20日　　第 3 刷発行

編　者　　NHKアナウンス室
　　　　　©2013　NHK
発行者　　溝口明秀
発行所　　NHK出版
　　　　　〒150-8081　東京都渋谷区宇田川町41-1
　　　　　電話 03-3780-3325(編集) 0570-000-321(販売)
　　　　　ホームページ　http://www.nhk-book.co.jp
　　　　　振　替　00110-1-49701
印　刷　　亨有堂印刷所・大熊整美堂
製　本　　二葉製本

本書の無断複写(コピー)は、著作権法上の例外を除き、著作権侵害となります。
乱丁・落丁本はお取り替えいたします。
定価はカバーに表示してあります。

Printed in Japan　　ISBN978-4-14-011320-2 C2581

NHK出版の本

NHK日本語発音アクセント辞典　新版
NHK放送文化研究所　編

> 全国で最も広く使われている共通語のアクセント約6万9,000語を厳選。最新の研究資料をもとに「解説」を刷新し、付録にアクセントの入門編「Q&A」「地名の発音とアクセント」ほかを収載。最も信頼されている現代日本の共通語アクセント辞典。

NHK漢字表記辞典
NHK放送文化研究所　編

> 平成22年の29年ぶりの常用漢字見直しに対応し、「NHK新用字用語辞典」を全面改訂。2,200項目について用例、類義語などを追加・変更し、生きていることば約3万5,000語を収録。わかりやすい日本語表記のよりどころとして、文章を書く際に役立つ辞典。